Encuentro Casual (LGBT)

Laurencio Oseguera

Contenido

Capítulo 1

Era de noche en Nueva York, apenas eran las 11 de la noche y el cielo estaba despejado. Todo alrededor mío estaba iluminado por los altos edificios de la ciudad que nunca duerme. Ésta escena la habré vivido toda mi vida, pero aún siento como si estuviese en una película, de esas donde sale la protagonista que llega por primera vez a la ciudad y la observa como si se tratase de una supernova, algo enorme y luminoso. Observo el oscuro cielo, que se deja ver poco por culpa de los rascacielos, sin embargo, me parece ver algunas estrellas que se dejan asomar con timidez... Las luces de Nueva York las opacan, son más fuertes desde aquí abajo, pero aun así las grandes estrellas de arriba tratan de no rendirse, seguir luchando para que la gente las vea brillar. Es imposible no sentirme identificada con una estrella del universo, no por egocentrismo, pero casi todo el mundo quiere dejar su propia huella en el mundo, quizá no internacionalmente, pero al menos sí para aquellos que nos quieren, que nos observan. Igual que las estrellas son observadas por aquellos que las quieren.

Tenía un Airpod puesto en mi oído derecho, que ni siquiera se veía porque mi pelo, rubio y algo ondulado por las puntas, lo cubría. En él se estaba reproduciendo Empire State of Mind. Cómo no, tenía que escucharla cada vez que volviese a mi escena de película recorriendo las calles de Nueva York. Mis sentidos vuelven a mí cuando alguien me llama, casi gritando, a menos de un metro de mí y vuelvo la vista a ella.

—¡Astrid Foster! ¿De nuevo mirando a lo que casi no se ve desde aquí? — me sonríe de manera amplia, haciendo que la sonría de vuelta.

—Perdona Nora, tengo que disfrutar antes de volver de nuevo a la universidad, nos espera una buena este segundo año —digo mientras me retiro el Airpod y lo guardo.

—Por favor, no empecéis a hablar de las clases, ésta noche hemos venido a disfrutar y hacer que nos tiemblen las piernas después, aunque no sea de la manera que quisiésemos—nos guiña un ojo Emma, otra amiga que nos acompañaba junto con Sophie.

Nora se agarró de mi brazo con decisión, como siempre hacía. Es mi mejor amiga desde la infancia, futura psicóloga del mundo y mi psicóloga personal hasta entonces, por obligación de nuestra amistad claro. Iba vestida con un top negro que le quedaba bien ajustado y unos pantalones rasgados del mismo color, ella siempre iba como la tía dura con la nunca querrías meterte. Llevaba varios colgantes, entre ellos tenía un rubí que hacía juego con algunas mechas de su pelo también rojas.

Yo también iba de negro, pero era un vestido que se ajustaba a mi figura atlética y estaba algo abierto por la espalda. Entre mis puntas onduladas se podían ver algunos tatuajes que tenía, y por delante apenas se asomaba uno que tengo entre los pechos. En los brazos también tenía algunos, pero eran pequeños, nada extravagantes. Se podría decir que los más exóticos los escondía en zonas exóticas.

Emma y Sophie son amigas de ambas, hacemos un grupo de cuatro cuando salimos por la ciudad, pero ellas son de otra universidad diferente a la nuestra y cuando no tenemos vacaciones apenas nos podemos ver alguna vez que otra. Caminamos en una fila horizontal, ocupando parte de la calle y la gente se nos queda mirando porque parecíamos actrices que caminaban por las calles de Hollywood.

Llegamos a la discoteca a la que íbamos a entrar ésta noche, la famosa discoteca neoyorquina de Marquee. Para quien no lo conozca, lleva abierta desde hace muchos años, pero cerró durante un par de años hasta que otra persona lo reabrió, siendo más amplio y moderno, y sobretodo liberal. La gran mayoría de las noches solo entraban chicas, los chicos solo conseguían entrar si iban acompañados de chicas, si no se quedaban fuera. Ésta noche, iba a ser de esas noches.

Llegamos cuando la cola estaba repleta y seguramente dentro también lo estaba. En la cola la mayoría eran chicas de nuestra edad, más o menos, y entre ellas se podía ver a unos cuantos chicos que desde aquí me pitaba el radar diciendo que eran gays. Obviamente no todos lo eran, pero en su gran mayoría me atrevería a decir que sí. Sonreí para mí misma.

En vez de ir hasta la última posición de la gran cadena humana, fuimos directamente donde los porteros. Nos atendieron al principio de forma algo arrogante, preguntando que dónde creíamos que íbamos. Sin embargo, Nora se acercó a uno de ellos y le susurró unas palabras, parecía como una especie de contraseña, algo sobre raviolis. A saber. Según nos dejaban pasar a las cuatro, se podían escuchar bufidos de gente que estaba por la cola, pero rápidamente se calmaron ante los gritos de los guardias.

Nada más entrar ya dábamos a la sala principal, donde estaba toda la gente como sardinas enlatadas. Seguimos caminando, haciéndonos paso como podíamos hasta llegar a una zona donde había una chica de seguridad acompañada por otros dos que parecían gorilas. Enserio, estaban mazados y eran súper altos. Parecían el Empire State. Sonreí porque eso me recordó a la película de King Kong.

—Nora Keen, la reina de la noche, me supongo que querrás pasar con tus amigas—habló la guardia de seguridad, mirándonos a cada una empezando por Nora y terminando en mí. Vestía con unos pantalones típicos de seguridad y una camiseta negra que se ajustaba a su cuerpo, junto con un cinturón donde llevaba su complementaria.

—Me harías un favor enorme, Sarah—la miró con ojos de cachorrito—Te prometo que luego te lo compensaré.

Sarah sonrió triunfante y con algo de arrogancia, mirando después a los gorilas para que nos dejaran pasar.

—Pasar buena noche, chicas, cualquier problema sabéis dónde estamos.

Todas se lo agradecimos, sonriéndola como niñas pequeñas, no podíamos evitarlo.

Pasamos una especie de cortinas, observando así lo que iba a ser nuestra pista principal a vistas del DJ que pinchaba esta noche. Todas se quedaron mirando unos segundos más, como si buscasen algo. Yo no buscaba nada, así que fui directa a la barra VIP casi sin esperarlas. Cuando se dieron cuenta, Nora fue la primera en ir detrás de mí y alcanzarme.

—Sí que tienes ganas de beber, borracha. Búscate a alguien.

—Es para empezar bien la noche, no me apetece acabar borracha. Y no, no voy a buscar a nadie, no lo busco, hoy se sale de tranquis.

—Mi querida As—así me llama de forma cariñosa—, siempre que dices eso sabes cómo acabamos—me sonríe con algo de malicia, a lo que yo río y niego con la cabeza.

Entonces nos alcanzan Emma y Sophie, pidiendo al camarero la primera ronda de roncolas. Éste, con sus maravillosas dotes de bartender, empezó a preparar las bebidas para dejar poco después los cuatro vasos frente a nosotras.

—Mira que brazos As...Y esa cara esculpida por los dioses...—me susurra Nora, cubriéndose la boca para que no se la vea. A lo que suelto una ligera risa y le alzo las cejas haciendo señas, a lo que ella responde igual.

Nos entendimos ahí mismo, pero la noche acababa de empezar y ese no era el momento. Nos tomamos el primer trago, no sin antes brindar, por supuesto. La música sonaba, mezclando todo tipo de música, me encanta este antro solo por eso. Al principio, como siempre hacemos, hablábamos entre nosotras y cantábamos lo que sonase mientras íbamos bebiendo. Los cubatas no nos duraron mucho y le dejamos los vasos vacíos al mismo chico que antes nos sirvió. Le preguntó a Nora si íbamos a querer algo más, a lo que ella respondía que seguramente más tarde. El chico musculoso respondió con un "os espero" y le sonrió de medio lado a mi mejor amiga. Todas vimos la escena y la sonreímos, estaba orgullosa de mi amiga. Luego recordé que aquello iba a volver a ser su rollo de una noche y así haría cada fiesta, porque Nora siempre me recordaba que tenía que buscar a alguien, cuando ella buscaba, encontraba y luego se olvidaba. Algún día le daría por aplicarse el cuento a ella misma también. Mientras lo pensaba sonreía ampliamente y la rodeé por la cintura, dirigiéndonos todas a la pista de baile.

La próxima hora, si no me equivoco porque el tiempo allí ni existe, la pasamos bailando entre las cuatro. De repente, alguien tocó mi hombro y me volteé a ver quién era, riendo con alegría al ver a un chico rubito, vestido con una camisa tropical que no ayudaba para nada en ocultar que era australiano. Ese chico era amigo de Nora y de mí, de la universidad, uno de los chicos más amables que he conocido en mi vida, aunque al principio te da aires de ser un chulo playa. Lo siento, es que encima le queda que ni pintado siendo de Australia.

—¡Jake! —me lancé a abrazarlo por el cuello mientras reíamos.

—Por fin os encuentro chicas, por poco no conseguimos entrar aquí—.

Terminó de saludar a todas mientras hablaba de cosas sin importancia y nos invitó a una ronda de chupitos. No nos dijo cómo consiguió entrar ya que ninguna chica venía con él; de hecho, venía solo por alguna extraña razón y nos dijo que era secreto de estado la forma en la que consiguió entrar. No nos dio tiempo a preguntar más porque ya andaba hablando con el mismo bartender de antes, pidiendo chupitos de tequila para los cinco. Así, a palo, sin sal ni limón.

Lo bebimos de una, Emma y Sophie fueron las únicas que pusieron caras extrañas y el resto nos reímos. Nora se puso a hablar con disimulo con el chico que estaba detrás de la barra cuando no estaba ocupado, cuando lo estaba se unía a nuestra conversación hasta que consiguió que el chico también se incluyese en la nuestra. Al de un rato, Nora me pidió ir al baño y nos disculpamos con el grupo.

—Bajaremos a la pista, hay que bailar para ir bajando el alcohoooool—Emma alargó la última palabra, se notaba que empezaba a afectarle. Sophie se encogió de hombros y Jake ayudó a ambas a bajar hasta la pista de baile.

Nos dirigimos al baño, por suerte no pillamos cola para entrar y pudimos mear tranquilas mientras hablábamos. Como buena resistencia al alcohol que teníamos, aún no notábamos ningún efecto, al menos no tan cantoso como con Emma y seguramente Sophie. Al salir nos miramos al espejo y nos arreglamos un poco el pelo, sacándonos ambas una foto frente al espejo.

Salí detrás suya, agarradas de la mano para no perdernos. Cuando volví a mirar a la pista, notaba que alguien me observaba, sentí la necesidad de confirmar que así era, pero no vi a nadie que me mirase. ¿Ya me andaba afectando el alcohol y sentía miradas? Quizá fuese mi sospecha de futura periodista, creo que deliro. Decidí ignorar la sensación y llegamos a la pista de baile. Ambas buscamos al trío que dejamos, pero sólo conseguimos ver cómo ambas chicas andaban ligando con... ¿Dos gemelos? ¿Eran gemelos o veía doble? Enfoqué un poco más la vista y confirmé que eran dos gemelos, no un chico y un fantasma siendo su copia. Miré a Nora y me di cuenta que le estaba pasando lo mismo que a mí, volteó a mirarme y empezamos a reír. Era maravilloso cómo nos entendíamos sin cruzar palabra.

Ambas decidimos empezar a bailar al ritmo de la música, quedando pegadas como siempre hacíamos.

—Voy a ver si así le da por mirarme Bran y le damos un poco de envidia, así que ya puedes sacar los pasos prohibidos As—di por hecho que Bran era el bartender esculpido por los dioses según Nora y le asentí, sonriendo cómplice.

Fue así como yo acabé de espaldas a la barra y Nora quedaba de cara a la barra, es decir, a Bran. Nora me susurraba que el chico las estaba observando y ambas reímos ligeramente. Empezó a sonar la canción Desire de Years&Years, una canción sensual que ambas aprovechamos sin dudarlo. Yo tenía la mirada al frente, a la espalda de quien tuviese al frente, teniendo en verdad la mirada desconectada.

Y lo volví a sentir, volví a sentir que alguien me miraba y no sé por qué me daba pánico alzar la vista. Me armé de valor y la alcé, dando con unos ojos de color ámbar a plena luz pero que de repente se tornaban oscuros.

Nuestras miradas coincidieron justo cuando sonaba el estribillo, haciendo una perfecta coordinación. Por varios segundos ambas aguantamos las miradas, nuestros cuerpos no reaccionaban. Ella no se movía, pero podía notar cómo su respiración se volvía algo agitada por cómo subía y bajaba su pecho. A mí me estaba pasando igual, pero aún conseguía bailar en modo automático con mi mejor amiga.

Esos ojos, esa mirada...

Capítulo 2

Esos ojos, esa mirada...

Me invadió una sensación de calor que parecía que estuviese en el mismísimo infierno y un escalofrío recorrió mi columna vertebral, haciendo que Nora me mirase de frente al notar el pequeño espasmito que me había dado.

—¿Qué ocurre?—lo decía divertida y siguiendo mi mirada.

Según lo iba diciendo, la chica de ojos ámbar sonrió ligeramente de lado antes de desaparecer de mi vista. Cuando Nora logró mirar donde yo, no había nadie que estuviese mirando. Parpadeé varias veces y vi cómo ahora ella me estaba mirando a mí con el ceño fruncido, esperando una respuesta.

—Alguien nos miraba—dije mientras me rascaba ligeramente la nuca.

—Pues sea quien sea te ha puesto nerviosa, te rascas
la nuca—señala—y además, has pegado una sacudida
como si hubieses tenido un escalofrío.

Aunque sabía lo que me había ocurrido, mis cejas no
pudieron evitar alzarse por la sorpresa y ella comenzó
a reír.

—No buscabas a nadie ni a nada y ahora parece que
se te ha aparecido el espíritu santo, pero...—se queda
pensativa por un segundo— ¿santo o santa?

—Era una chica morena, no sé a dónde ha ido, yo...
—fui interrumpida por alguien que se puso al lado de
ambas—.

—¿Me buscabas?

Me giré a verla estupefacta, pegué un ligero brinco al
igual que Nora. No quitaba la vista de mí, me seguía
mirando con esos mismos ojos ámbar, esta vez a mucha
menos distancia que antes. Ella sonrió con la misma
sonrisa ladeada al ver que no conseguía articular palabra. ¿Qué me pasaba? Arranca Astrid. Estaba a punto

de hacerlo hasta que volvió a hablar, esta vez miraba a Nora.

—¿Me prestas a tu amiga por un rato? Prometo devolvértela de una pieza—A ella no la sonreía, lo decía totalmente seria.

La cara de Nora fue un poema, ambas nos dimos cuenta de que tenía la voz algo ronca, quizá por el alcohol. Eso no le quitaba que estaba resultando demasiado... Tentador. Sin embargo, Nora, al contrario que yo, consiguió hablar.

—Toda tuya chica misteriosa, más te vale que no vuelva en pedacitos. Iré con Bran, ¿te parece? —me miraba a mí—.

Antes de marcharse se acercó a mí, exactamente al lado de mi oído para poder susurrarme sin que la chica misteriosa de ojos ámbar que a veces se volvían oscuros la escuchase.

—Aprovecha guapa—termina dándome un beso rápido en la mejilla para darse la vuelta caminando hacia la barra.

Cuando volví a mirarla, como si fuese la primera vez, vi cómo me estaba analizando y apretaba ligeramente la mandíbula. Hice lo mismo con rapidez, no quería ser tan descarada. Llevaba una camisa negra atada por botones blancos, se le pegaba perfectamente a su forma, llevaba unos pantalones beige junto con unas zapatillas negras. Iba muy bien conjuntada. Sus dedos estaban adornados por anillos, un par de ellos en cada mano, y evité morderme el labio inferior. Cuando me fijé en su cara, me observaban de nuevo esos ojos. Pude fijarme en que tenía una melena morena, con unas cejas tan bien hechas que la hacía imponente, más de lo que ya era. ¿De dónde había salido esta chica?

—¿Quieres bailar entonces?—me mira con la misma intensidad de siempre, yo asiento ligeramente con la cabeza—Quiero que me respondas con palabras, no me vale que muevas la cabeza, rubia—remarcó la palabra rubia con más lentitud.

Lo siento, no pude evitar morderme el labio inferior esta vez al escuchar cómo me llamó rubia. Tenía que reaccionar, estaba quedando como una idiota embriagada por ésta... ¿Cómo decirlo? Parecía la típica chica mala que iba rompiendo corazones. Y de una vez por todas conseguí mover mis labios para poder pronunciar palabra.

—Sí, bailemos—ella sonrió algo más y me cogió de la mano para movernos un poco más adentro de la pista—.

Notaba la calidez de su mano y me dejaba llevar por ella, intentaba que el resto se apartase no sólo para ella, sino también para mí. Cuando llegamos se dio media vuelta para queda frente a mí, bastante cerca, pero sin soltar mi mano. Vi cómo observaba la mano y la soltó, alzando ambas manos para intentar ponerlas en mis caderas, pero no llegaba a hacerlo. Supe que esperaba mi permiso. Así que cogí sus manos y las coloqué yo misma en mis caderas, ella volvió a sonreír con esa malicia juguetona a la que ya me estaba acostumbrando. Una vez puestas yo hice lo mismo, pero alrededor de su cuello.

De fondo empezó a sonar una canción de bachata. Oh no, justo tenía que sonar una de este género, me aguanté un bufido. No es que no supiese bailarlo, pero con esa música se tenía que bailar con los cuerpos muy pegados y a mí ya me estaba entrando pánico a la distancia a la que estábamos. Reconocí la canción, juraría que era de Romeo Santos. Ella pareció notar que andaba pensativa.

—¿Sabes bailarla?—lo dijo desafiante. ¿Me estaba desafiando? Era mi momento.

—Por supuesto, ¿y tú?—la miré a los ojos, con mucha intensidad, quizá demasiada.

Vi cómo tragaba saliva y sonreía de medio lado, fue entonces cuando asintió y esperó al beat correspondiente de la música para empezar a movernos al ritmo de ella. Me di cuenta que bailaba bastante bien, ambas lo hacíamos. Nuestros cuerpos habían quedado completamente pegados, podía notar el calor que emanaba de ella y la suavidad con la que tenía sus manos puestas en mis caderas. A veces subía una de ellas a mi espalda para cogerme con más firmeza.

Con la música, no me había dado cuenta de que había igual como un centímetro de distancia entre nuestras caras. Con los movimientos, los laterales de nuestras caras lograban rozarse, causando unas cosquillas y un calor que aún no comprendía. ¿Sería por el alcohol y el calor de toda la gente alrededor? Tenía que ser eso.

Ambas giramos las caras casi al unísono, todo era coordinación. Esta vez eran nuestros labios los que casi se rozaban, y era inevitable no bailar mientras los miraba. Ella hizo lo mismo, antes de bajar la mirada a sus labios ella ya lo estaba haciendo hacia los míos. Al darme cuenta de ello, me relamí ligeramente para después morderlo ligeramente, sin apartar mi mirada de los suyos. Podía notar su aliento contra mí, su respiración era agitada, creo que no sólo por el esfuerzo de estar bailando, aunque lo hiciésemos con soltura. Vi cómo entreabría sus labios por un momento. Pero entonces se apartó ligeramente y me cogió de las manos para darme media vuelta, quedando de espaldas a ella.

No me había dado cuenta de que la canción había cambiado, pero era del mismo género. Ella sí lo había notado, por eso cambió de posición. Quedamos de nuevo completamente pegadas. Eché mi brazo hacia atrás y sujetaba su cuello con una mano, mientras que con la otra había agarrado su mano poniéndola de nuevo en mis caderas. Nuestras manos habían quedado entrelazadas. Gracias a mi mano que sujetaba su nuca, conseguí que su rostro se acercase a mi cuello y, no sé si lo hizo queriendo o no, pero noté un suspiro contra mi cuello. Por inercia eché para atrás ligeramente mi cuello, lo que hizo que ella tuviese más acceso a mi cuello. Puso su barbilla entre mi hombro y mi cuello, entonces habló.

—No lo haces nada mal, rubia—mordí mi labio inferior de nuevo al escuchar el mote—¿dónde aprendiste?

—Eso es un secreto, chica misteriosa.

Noté cómo sonreía contra mi cuello al escucharme y me di cuenta que la canción se estaba acabando. Gruñí internamente, no quería que este momento se acabase, pero ¿por qué? En ese momento en el que volví a mis pensamientos, noté como sus labios se posaron con delicadeza casi en mi cuello, dejando un suave beso que hizo que se me erizara la piel. Volvió a cogerme de las manos y me volvió a dar media vuelta, quedando frente a frente una última vez.

Y digo una última vez porque según estuvimos frente a frente, mirando nuestros labios y jadeando ligeramente mientras la canción se acababa y comenzaba otra canción de un género completamente diferente, alguien se acercó a ella.

—Tenemos que irnos—le dijo un chico alto, rapado por los lados, pero con la permanente de rizos hecha.

Noté como la chica resoplaba y asintió. El chico se marchó y creía que ella iría detrás sin decir nada. Sin embargo, se giró para mirarme y me miro con una sonrisa algo triste. ¿No quería irse? Vi cómo sus ojos ésta vez eran oscuros, muy oscuros. ¿No eran de color ámbar? Se retiró de mis caderas y con una mano suya cogió mi mano derecha, dando de nuevo un suave beso como si me tratase de una princesa. Espero que no fuese una broma por ser rubia.

—Tengo que irme. Ha sido un placer—hizo el ademán de irse, pero apreté ligeramente su mano, haciendo que se girase para verme a los ojos de nuevo, seguían oscuros.

—¿Ni siquiera vas a decirme tu nombre?—ella sonrió de nuevo, pero rápidamente se esfumó su sonrisa para ponerse seria.

—¿Crees en el destino?—su pregunta me pilló por sorpresa, pero vi que lo decía totalmente enserio.

—No soy fan del destino, no creo que exista.

—Entonces el tiempo me dará la razón. Si volvemos a encontrarnos será cosa del destino, si no tú has ganado y el destino no existe.

Me debí de quedar con cara extraña porque ella volvió a sonreír antes de soltar mi mano para irse. Vi cómo se alejaba.

Volví donde mi amiga, que estaba a punto de irse con el bartender.

—¿Y la chica?—miró a todo lados en su búsqueda.

—Ha tenido que irse, ya te contaré.

—¿No te importa que me vaya?—me miraba algo preocupada.

—No tranquila, aprovecha tú que puedes.

Ella asintió y me dio un rápido beso en la mejilla antes de despedirse de mí y salir con el chico de allí. Pedí otro chupito al que estaba detrás de la barra y me lo bebí sin pensarlo. Entonces, noté que una mano se posaba en mi brazo y me giré a ver quién era.

No por favor, pensé. Una chica morena, de mi misma altura me miraba divertida. Era Maeve Holt, mi ex. No es un buen momento para contar toda la historia con mi ex, pero digamos que lo que iba a hacer era para pegarme. No sé ni cómo, pero ambas acabamos bailando y hablando. De un momento a otro ambas nos estábamos comiendo la boca. ¿Qué era lo que me pasaba? Aún tenía el calor de antes, no podía controlarlo, ¿era lo que me había hecho la chica de ojos ámbar? No lo sé, pero me estaba desahogando con Maeve, y ella se aprovechaba porque ambas sabíamos lo único que nos ataba era una atracción sexual, yo estaba frustrada después de contarle, a saber por qué, sobre la chica misteriosa. Ella también me contó que su noche se había fastidiado con una chica, y fue entonces cuando me encontró.

Salimos del antro las dos, cogimos un taxi y nos dirigimos a un apartamento que tenía ella a unas calles de allí. De la misma frustración, ambas nos desahogamos, una vez más, entre sus sábanas. Ambas nos conocíamos, bastante, y a pesar de todo lo que me ha hecho, ésta chica me ponía muchísimo. No la hubiese dejado hacer nada, pero esa noche lo necesitaba y ella también. Era tóxico, ambas lo sabíamos.

Varias horas después, ella consiguió quedarse dormida después de una sesión bastante intensa. Salí de su departamento y cogí el primer taxi que vi, dando la dirección de un hotel. Mi sed había quedado saciada o eso creía, pero ni loca me quedaba a dormir en su casa, quería dejar claro que se iba a repetir esa noche y nunca más. Aunque esa promesa ya me la había hecho hace varios meses y aun así volvimos a caer numerosas veces...

Llegué al hotel, que en verdad habíamos comprado la habitación por una noche entre Nora, Emma y Sophie. Obviamente cuando entré, no había nadie, cada una habría acabado en la casa de sus ligues. Suspiré profundamente y me dejé caer en la cama como un saco de patatas, la cabeza aún me daba un poco vueltas. Me quedé mirando durante unos minutos al techo, recordando a la morena de ojos ámbar. Tenía la necesidad de saber su nombre, de dónde había salido. Mientras pensaba en sus ojos, en cómo nuestras manos se entrelazaban y su cálido aliento contra mi cuello dejaba un beso en él, volvió ese calor intenso como una ola. Conseguí ignorarlo porque me quedé dormida en un profundo sueño donde ese baile se repetía.

Capítulo 3

Me di media vuelta al escuchar cómo mi móvil vibraba. Sentía un calor inmenso aun recorriéndome el cuerpo y estiré el brazo alcanzando el cacharro que me había despertado. Cogí la llamada sin ver quién era.

—¿Diga?—dije con voz somnolienta.

—Astrid tía, estoy subiendo el ascensor del hotel, ¿estás allí?—yo le respondí con un pequeño gruñido en forma de decir sí. Me colgó inmediatamente y dejé el móvil sobre la mesa.

Me pasé una mano por la frente, estaba sudando y notaba que la habitación olía a humano neandertal. Me dejé caer de nuevo con los ojos cerrados, hacia el techo. Entonces, escuché que se abría la puerta.

—¿A qué huele? ¿Qué has estado haciendo?—decía mientras cerraba la puerta.

Se quedó enfrente mío mirándome y abrió los ojos como platos.

—¡¿Has follado?!

—¡¿Qué?! ¡No! Al menos aquí no. Y no grites loca, me acabo de despertar.

Nora fue directa a la ventana para abrirlas completamente, dejando que entrase el fresco. Yo aún seguía con el vestido de anoche puesto.

—Entonces te tocaste...—se quedó pensativa antes de volver a hablar—Espera espera, ¿cómo que al menos aquí no? ¿Volvió a por ti la chica misteriosa?

Solté un gruñido de nuevo al escuchar decir la chica misteriosa, me rendía a lo que ocurrió anoche.

—Me lo tomaré como un no, pero ¿entonces con quién As?—se sentó a mi lado—.

Abrí los ojos y la miré sonriendo con timidez, rascándome la nuca. Ella me puso mala cara y se echó la mano a su rostro.

—No jodas que fue otra vez con Maeve.

—Ajá...

Se acercó más a mí y me dio un pequeño golpe en la cabeza, yo me quejé y la miré mal.

—¿En qué estabas pensando loca? Otra vez con la misma, sabes que es una tóxica de mierda.

—Ya lo sé Nora, pero después de aquella chica no me bajaba los calores y ella vino con las mismas ganas, una cosa llevó a la otra, fuimos a donde se alojaba y bueno... Al menos no me quedé a dormir con ella.

—¿Y entonces volviste y te tocaste? Porque esto huele a mono de feria y hace un calor horrible.

—No por Dios, estaba agotada después de—empiezo a reír de nuevo y ella achina los ojos negando la cabeza—Perdón, perdón. Ni yo sé por qué hace tanto calor.

Ella se quedó mirando a las sábanas mientras yo miraba al techo, ambas estábamos pensativas.

—Opciones—empezó a decir—sueño húmedo, te tocaste y ni te acuerdas, en verdad follaste aquí y tampoco te acuerdas y fue Maeve quien se marchó, o...—se quedó mirándome—.

—¿O qué?

—¿Cuánto calor humano puede soltar alguien por simple excitación? Sé que mucho, por experiencia—ríe—, ¿pero tanto como para solo pensar en aquella chica que estaba más buena que el flan? Eres de lo que no hay Astrid Foster.

—¿Qué te hace pensar que fue por ella?

—Venga mujer, si se te están poniendo los mofletes colorados nada más nombrártela. Además, tu sesión con Maeve ya ocurrió, dudo que quisieses aún más. Al menos con ella—me miró con picardía—.

Era cierto que notaba de nuevo como mis mejillas ardían cuando me lo nombraba, pero negué con la cabeza como una niña pequeña a la que habían pillado en mitad de una travesura. Ella empezó a reírse y se levantó de la cama para cambiarse de ropa.

—Total, a saber de dónde es, mucha gente viene a Nueva York de fiesta y en verdad llega a ser hasta de Italia. ¿Te imaginas que sea de Italia? No volveré a verla Nora.

—Nunca se sabe amiga mía. ¿No sabes su nombre?

—No, y no empieces tú también con eso del destino.

—¿Cómo que yo también? Sabes que creo en él.

—Ya pues ella también lo cree—Nora me miró ladeando la cabeza, confusa—Me dijo que si volvíamos a encontrarnos sería cosa del destino y ella ganaría, si no nos veíamos más yo tendría la razón.

—Qué chica más interesante—empieza a reírse.

Decidí salir de la cama para ir directa al baño, le dije a Nora que me daría una buena ducha y ella seguramente lo agradeció en silencio. Me desvestí y me metí bajo el agua, quedándome debajo de ella por un buen rato, pensativa. Aún notaba cómo emanaba calor, pero poco a poco se iba enfriando. Al de un rato salí de la ducha y cuando volvía a ver la habitación ya habían llegado Emma y Sophie. Nos pusimos al día con ellas y Nora fue la última en hablar cuando le preguntamos por el chico.

—Fue increíble, uno de los mejores polvos de mi vida.

—¿Mejor que con Sasha?—le pregunté.

—Bueno es que Sasha es un caso aparte.

Todas reímos y nos vestimos con una ropa más casual, guardando los vestidos de la fiesta en una mochila. Fuimos abajo a comer algo y nos dirigimos hacia el coche de Emma para que así nos llevase a Nora y a mí a casa, a New Haven.

Estuvimos todo el camino escuchando música de Chase Atlantic sin cansarnos, parecía como la despedida perfecta de verano mientras estábamos metidas en el coche, siguiendo la recta carretera hacia donde vivimos. De mientras yo miraba por la ventanilla, observando el paisaje, pensativa. Me despedí en silencio de Nueva York, no volvería hasta a saber cuándo. Empecé a pensar en New Haven. Es una ciudad que está en el Estado de Connecticut, al norte de Nueva York, a dos horas de camino si le pisas bien al acelerador. En ella se encuentra la universidad de Yale, donde Nora, Jake y yo estudiamos. No os lo voy a negar, la ciudad es preciosa. Es como una mini Nueva York, pero a la vez está sacada de la época medieval, por la arquitectura de sus edificios. A veces me recuerda a Oxford, creo que no puedo describirlo tan bien, no le haría justicia.

Primero dejamos a Nora en su casa, que estaba a las afueras de la ciudad. Mi casa estaba a unas cuatro calles más, no muy lejos de la de ella. Agradecí a ambas y me despedí con pena. Ellas dos estudiaban en la universidad de Boston, más al norte que New Haven. No sabía cuándo volveríamos a vernos, el año pasado solo pudimos vernos antes de Navidad y después hasta las vacaciones de verano, era una mierda.

Cuando entré a mi casa me recibió mi madre con los brazos abiertos, nos dimos un cálido abrazo y la dije lo que la echaba de menos.

—¿Qué tal por la ciudad hija? Tienes una cara de cansada increíble, ¿mucha fiesta y ligoteo?

—Qué va mamá, solo mucha fiesta—reí.

Entonces escuché un maullido y vi cómo se acercaba a mí Salem, mi gato negro. Le teníamos desde hace un año y es el gato más cariñoso que hemos podido conseguir. No se despega de nosotras, aunque al principio le costaba pillar confianza y ante personas extrañas no suele acercarse. Se estaba restregando en mis piernas, así que me puse de rodillas para acariciarle, él se acercó a mi cara y empezó también a hacer sus movimientos de restregamiento. Es adorable. Después de una dosis de mimos para el rey de la casa, mi madre y yo fuimos al salón. Obviamente Salem se quedó en mi regazo tranquilamente.

Nos pusimos al día y le conté la gran mayoría, tenía mucha confianza con ella, pero obviamente no le conté todo, no quería empezar a escucharla echándome sermones. Sobre todo por lo de Maeve, la tiene un poco de asco. Tampoco le dije sobre la chica misteriosa, quedaría como una desgracia de la que no quiero hablar. La relación con mi madre era buena, pero obviamente no todo era perfecto, a veces se ponía demasiado insoportable.

Por otro lado, mi padre murió en un accidente de coche cuando yo apenas tenía doce años, le quería mucho, pero he de decir que hoy en día a mi madre y a mí nos ha quedado de él las deudas que fue acumulando. Todos los años llegan algunas, algunos meses lo pasamos mal en cuanto al dinero, no podemos hacer nada y eso que hemos hablando con muchos bancos, pero no les interesa. Son deudas de mi padre que ha heredado mi madre, yo intento ayudarla cuando consigo algún trabajo y pago al menos la mitad de ello.

—Antes los vecinos han pasado a verte, creían que estarías en casa. Creo que querían preguntarte alguna cosa.

—Subiré a dejar las cosas y voy a su casa.

Los vecinos de los que habla mi madre son un matrimonio de casi setenta años, son como los abuelos que nunca tuve. Y sí, tengo abuelos por parte de padre, pero mi relación con ellos es horrible, no los soporto. Eso de que a nuestros abuelos hay que quererlos, lo siento, pero conmigo no se aplica. Los abuelos por parte de madre no los he conocido nunca, mi madre se escapó de ellos para estudiar la carrera que quería, cosa que sus padres no apoyaban. Literal que se fue a la otra punta del país para poder estudiar enfermería. Así que hoy en día es una enfermera que trabaja en el hospital de New Haven, a veces con unos horarios bastante malos, acaba agotada.

Siguiendo con los vecinos, fui hacia su casa contenta, a pesar de que estaba agotada por la noche anterior y el viaje en coche. Toqué el timbre y me abrió la señora Campbell.

—Hola Astrid, por fin volviste—ella me recibió con un gran abrazo y se lo devolví sonriendo.

Detrás suya llegaba su marido, el señor Campbell. En verdad se llaman Rose y John, y aunque ellos hayan insistido en que siempre les llame así, no puedo evitar llamarles señor y señora Campbell.

Abracé también al señor Campbell y ambos me invitaron a pasar. Les conté mis días por Nueva York y ellos entendían todo, eran muy modernos a decir verdad, no soltaban comentarios como mis abuelos.

La juventud de hoy en día es una drogadicta y una loca, tú estás incluida en ellos, eres horrible, vais a acabar en la calle arruinados, vas a acabar igual que tu padre.

Alejé esos pensamientos y les pregunté cómo estaban ellos. Siempre me decían que bien, pero el señor Campbell sufría del corazón y tanto su mujer como mi madre sabían que en cualquier momento podría morir.

—Quédate a comer niña, hemos hecho comida de sobra.

—Se lo agradezco señora Campbell, pero iré a comer con mi madre.

—No lo creo—me dijo su marido.

Yo fruncí el ceño extrañada y alguien tocó el timbre, fui a abrir para que ellos no tuvieran que hacer el esfuerzo y me encontré a mi madre al otro lado de la puerta. Ambas sonreímos y entendí todo. Lo tenían planeado.

Comimos los cuatro juntos, como si fuéramos una verdadera familia. Quizá por parte de los abuelos Campbell no lo eran de sangre, pero no hacía falta tener la misma sangre en común con alguien para considerarla familia. Y ellos lo eran.

Cuando era mitad de la tarde y seguíamos hablando tranquilamente, en la conversación el señor Campbell nos dijo que ya no iba a conducir más y que llevaba días pensando qué hacer con su coche. Vi cómo mi madre y la señora Campbell se daban una mirada cómplice, pero no la tuve tan en cuenta.

Entonces, su marido dijo que iba a ir al garaje y empezamos a escuchar un motor que empezaba a rugir. Las tres salimos y me quedé mirando el coche, siempre me ha encantado. Era un Ford Mustang GT del 60 de color azul marino, un coche que compró su padre y le regaló en los años 70. Apagó el motor y salió del coche con las llaves en sus manos, vi cómo acariciaba el coche con nostalgia y se acercó hacia mí. Me cogió de las manos, puso las llaves y cerró mis manos en un puño. Me quedé mirando embobada a mis manos hechas puños, reaccioné mirando al señor Campbell, luego a mi madre y por último a la señora Campbell.

—Es todo tuyo Astrid—habló el señor Campbell, haciéndome pegar un pequeño brinco porque aún estaba sumergida en mis pensamientos.

—N-no puedo aceptarlo señor Campbell, es demasiado, y-yo no...—él negó la cabeza y sonrió como nunca.

—Antes que vendérselo a cualquiera o que se quede oxidado en el garaje, preferimos dártelo a ti niña, eres como nuestra nieta.

Noté como se humedecían mis ojos y abracé a ambos, empecé a reír de felicidad entre lágrimas. También lo hice con mi madre, ella estaba al tanto de todo.

Por fin tenía un coche, un Mustang del 60... Nora iba a flipar.

Capítulo 4

Era lunes, el peor día de la semana por excelencia. Hoy comenzaban las clases de la Universidad, segundo año de carrera de periodismo. Aún estoy en la cama mientras el despertador de mi móvil suena. No me suele costar madrugar, pero hacerlo después de estar de vacaciones me va a costar hasta que consiga habituarme de nuevo.

Cuando conseguí hacerlo habrían pasado unos 5 minutos, me di una ducha y fui directa a la habitación en toalla. Busqué algo de ropa, indecisa. Mientras iba buscando qué ponerme, escuchaba pasos por la casa. Seguramente mi madre que andaba de un lado a otro de casa antes de irse a trabajar. Vi cómo entraba Salem a mi habitación y me maullaba en su forma de buenos días, me acaricié para acariciarle y se quedó tumbada en mi cama relamiéndose.

Por fin me decidí por qué ponerme. Me vestí con un pantalón negro y una camisa blanca algo fina, conjuntado con unas converse normales. Aún no hacía frío; de hecho, hoy daban calor. Confié en la meteorología que informaba en mi móvil y salí de la habitación. Me peiné un poco el pelo y fui moviendo el pelo a los lados para ver que todo estaba bien. Siempre lo hacía, no quería que cuando me pusiese el pelo de lado en verdad me viese como una loca.

Salí de la habitación y noté como Salem me seguía, bajé a la cocina y vi que el desayuno estaba puesto en la mesa. Mamá estaba comiendo lo último ya y me miró sonriendo.

—Tengo que irme Astrid, ten buen día en el comienzo del segundo año.

—Claro mamá, no te preocupes, te quiero.

—Yo también te quiero hija—me cogió de las mejillas para darme un beso y se quedó mirándome por unos segundos, alcé las cejas extrañada—Mi niña que está más cerca de hacerse periodista, te me haces mayor.

—Oh venga mamá por favor, aún me queda mucho tiempo.

No quería que se pusiese sentimental, yo también me pondría como ella, pero no quería empezar el día llorando como una magdalena. Nos dimos un abrazo y salió de casa, no sin antes despedirse también de Salem. La vería casi por la noche, pasaba muchas horas en el hospital e incluso a veces tenía que hacer horas extra y no la veía en todo el día. Sin embargo, eso me daba total libertad y tranquilidad. ¿Lo malo? Soy pésima para cocinar, sé lo básico para sobrevivir y ya, pero muchas veces repetía las comidas. Suspiré al pensarlo.

Terminé mi café mientras leía un periódico de ayer. Sí, periódico. En eso soy un poco antigua, me gusta agarrar un periódico y comenzar a leer como si fuese una periodista del pasado. Eso no quita que también lea en digital, por supuesto. De hecho, me entero de más cosas por lo digital, puedo acceder a cualquier periódico del mundo y leer lo que pasa. Me gusta informarme, descubrir lo que ocurre, y más si entre esos acontecimientos hay secretos. Quizá sea obsesión, pero siempre necesito saber más de lo que hay, siempre hay algo más oculto, siempre...

Miau.

Miré hacia donde Salem, que había pegado un maullido como si lo hubiesen lanzado una zapatilla. El bicho inquieto había tirado sin querer un salero, por suerte para todos no se había roto. Mientras lo recogía y lo dejaba vi cómo me miraba y se subió a la encimera para quedar a mi altura, quería atención y que lo acariciase. Es un consentido.

Salí de casa y fui hacia mi nuevo coche, la señora Campbell andaba regando su jardín tranquilamente y me dio los buenos días, haciendo yo lo mismo. Abrí el coche y dejé la bolsa de tela negra en el asiento del copiloto. Puse las llaves en su sitio e hicieron contacto, arrancando así el coche.

Escuchar cómo el motor rugía producía en mí un orgasmo interno.

Conduje hasta la Universidad de Yale, había sitio de sobra así que aparque casi en todo el medio del parking. Mientras lo hacía notaba como mucha gente se quedaba mirando el coche de pasada, al menos no me miraban a mí, creo. Cogí mi bolsa, salí del coche y lo cerré. Vi cómo Nora venía a paso ligero hacia a mí, con la mandíbula desencajada al tener la boca abierta mientras observaba el precioso coche.

—¿De dónde has sacado esa divinidad?

—Fueron mis vecinos.

—¿Los Campbell?—asentí a su pregunta.

—Ya me gustaría a mí que me regalasen un coche así también.

—No te quejes, que tú al menos tienes coche, yo hasta ahora no lo tenía.

—Si bueno, pero comparado con el tuyo el mío es una tartana que cualquier día se cae a pedazos. Me hace parecer vagabunda.

Reímos y fuimos juntas hacia el centro del campus. Estaba lleno de gente, estudiantes de todo tipo de carreras y de todos los cursos. Se notaba quiénes eran primerizos porque se les veía tan perdidos como yo el año pasado, era horrible. Menos mal que Nora y yo conocimos a Jake y nos hizo un tour rápido, él había sido más listo que nosotras y exploró todo el día anterior. Hablando del rey de Roma, justo vino hacia nosotras con una sonrisa radiante.

—Pero bueno, las chicas que triunfaron en la fiesta.

—Anda coño, el chico que desapareció por arte de magia—contraatacó Nora.

—Oh ya, fui con vuestras dos amigas y luego conocí a un agradable sujeto.

—¿Te volviste gay Jake?

—¿Yo? Yo no soy gay Nora, estoy hecho por y para las mujeres, todo un mujeriego—puso una pose de chulo y fue imposible no reírnos.

—Nunca te cierres a nada rubito—hablé yo esta vez—mírame a mí.

—Es que a ti ya se te veía bollera desde el día que llegaste mi querida As, y mira que según todo el campus hacemos la pareja perfecta—me rodeó con su brazo por el hombro y pegó a él.

Yo empecé a reír y le dejé que caminásemos así.

—Eh oye que Astrid es mi mujer, koala—ella se copió de Jake rodeando su brazo por mi cintura.

—Bueno bueno, se van a pensar que somos un trío en relación abierta, hay Astrid para todo el mundo.

—¡Eso es!—dijeron al unísono y empezamos a reír.

Fuimos hablando hasta la facultad de Jake, la de Quími-cas. Le contamos nuestro fin de noche en aquella fiesta, se emocionó con la aventura de Nora y se decepcionó con mi caída ante Maeve. A lo que más estuvo atento fue a mi increíble, pero con trágico final de historia, con aquella chica morena. Aún se me revolví todo solo de pensar en esos minutos. Cuando llegamos nos desped-imos de él, pero nos llamó para decirnos algo más.

—Luego os presentaré al chaval que conocí, nos dimos cuenta que estudiábamos en la misma Universidad y quedamos. Os pasaré a buscar.

Ambas asentimos y nos encaminamos a mi facultad, la de Periodismo.

—¿De verdad piensas que Jake es hetero?—dijo Nora.

—Sinceramente no, pero aún no lo sabe. Ya probará ya, todos lo hacemos.

Llegamos a nuestro destino y nos despedimos, ella se dirigió algo más adelante, a su facultad de Psicología.

El primer día presentaban las asignaturas que se iban a impartir en la primera mitad del curso, como el año pasado. Había un par de caras nuevas según vi y gente del curso pasado que no estaba. El resto seguíamos ahí sentados.

Cuando las clases terminaron, era la hora de ir a comer algo. Nora me estaba esperando en la entrada de mi facultad y nos dirigimos a un bar-restaurante que había allí cerca, pedimos dos bocadillos para llevar y los guardamos en las bolsas que llevábamos para conservar el calor. A veces nos quedábamos en el lugar para comer dentro, otras veces íbamos fuera a comer lo que habíamos pedido o directamente comíamos por ahí, depende el tiempo y la hora que fuese. Ésta vez, como hace calor y aún es pronto, decidimos comer fuera.

Después de eso, ambas queríamos ir al grupo de debate. Una actividad que algunos profesores nos habían recomendado, la mayoría no iría porque para ellos era un aburrimiento, pero Nora y yo decidimos apuntarnos a ver qué tal. Siempre nos ha gustado debatir, somos mujeres de palabras. Iríamos después de comer.

Fuimos hacia el sitio de siempre, unas mesas de ping-pong que nunca se ocupaban por nadie que jugase allí. Esperamos a Jake, que nos avisó que iba a buscar a su nuevo amigo y se unirían a nosotras. De mientras, ambas estuvimos hablando de lo que nos pareció la presentación de las nuevas asignaturas y sus profesores.

—Hay una que tiene cara de que me va a querer suspender, As—empezó a dramatizar.

—Venga ya, el curso pasado sacaste unas notazas casi sin estudiar y eso que tenías una beca que mantener. Psicología es lo tuyo y cualquier asignatura que te pongan delante la vas a aprobar solo con leer los apuntes una vez.

—No enserio, el año pasado fue pura suerte. Éste año me van a dar por todos lados y por una vez no quiero eso.

Le di un pequeño golpe en el hombro mientras reía, ésta chica estaba salidísima. Pero bueno, no voy a hablar de eso porque somos tal para cual, insaciables.

—¡Eh! No me pegues por eso que sé que piensas igual que yo. ¿Ves esa esquina?—señaló a la esquina de la mesa de ping-pong donde estábamos sentadas—Así de salidas estamos guapa, no me lo niegues que nos conocemos.

Me puse roja como un tomate, no era propensa a hablar de esos temas, aunque fuese mi mejor amiga, rara vez lo hacía y así me ponía, como una gamba. Ella comenzó a reírse por mi cara y yo la miré mal, a lo que ella empezó a reír más aún.

Cuando fuimos a dar el siguiente mordisco a nuestros bocadillos vi cómo Jake se acercaba a nosotras con un chico a su lado, me quedé mirándola pensativa mientras masticaba.

¿A ese chico no le había visto ya? Quizá del campus. Pensé.

Entonces, detrás de ambos chicos se asomó una figura femenina. Vestía con un pantalón negro y una camiseta blanca recogida por los hombros. Cuando di con su cara, empecé a toser como si me estuviese ahogando. Nora empezó a dar palmadas en mi espalda para que tragase, entonces siguió a donde yo estaba mirando y lo entendió.

Era ella. Mierda.

La chica misteriosa de la fiesta, aquella morena de ojos ámbar y a veces oscuros se acercaba hacia a mí acompañada por ambos chicos. Estaba mirando a un lado, pero cuando escuchó cómo alguien se estaba muriendo por tos, dio con mis ojos y los abrió como platos. Juraría que vi como una pequeña sonrisa se formaba en su rostro, pero se difuminó.

—As, que te mueres mujer. Mírate, te van a conocer como la señora tomate.

Le puse mala cara mientras aún seguía roja, aún me costaba respirar. Vi cómo la chica sacó un termo, se acercó a mí y me lo ofreció.

—Bebe—fue casi como una orden. ¿Lo era?

Yo lo abrí, desesperada, y comencé a beber de él. Ni siquiera había pensado que aquello podría haber sido café, pero confiaba que tenía un buen juicio como para que ella me ofreciese agua después de casi morir de atragantamiento. Le di un buen trago, creo que le quedaba poco ya. Quizá me pasé. Cerré el termo y respiré hondo, volví a conectar con sus ojos que me miraban expectante y lo extendí.

—Gracias—sonreí tímida.

—Cosa del destino que yo llevase una botella de agua—lo dijo casi en un susurro. Como mucho lo escuchamos Nora y yo. Mi mejor amiga soltó un bufido a modo de risa al escucharla.

Ahí íbamos de nuevo, el destino. Parecía que lo recordaba todo. ¿Qué probabilidad había de que ella también estudiase aquí? No conozco a toda la Universidad, pero seguramente la tendría que haber visto el curso pasado. Ni ella ni su amigo me sonaban.

—Habrá que darle las gracias al destino entonces por una vez—la miré desafiante y ella lo notó, devolviéndome la mirada. Otra vez hizo atisbo de aquella sonrisa ladeada que rápidamente se esfumaba ante mí.

Creo que se notaba una tensión en el ambiente porque Jake se metió como que no quería la cosa y habló.

—Chicas, él es Thomas y su amiga... Perdón, no sé cómo te llamas chica del termo.

Todos nos aguantamos la risa, entonces Thomas se acercó a nosotras y nos dio dos besos en la mejilla a ambas. Nora y yo le saludamos de la misma forma. Cuando terminó y se colocó en su sitio, recordé que él era el chico que le dijo a la chica que está a su lado que tenían que irse. El mismo chico alto con un corte de pelo por los lados dejando rizos sobre su cabeza. Me pude fijar que tenía una mandíbula muy marcada, miré a Jake que estaba sonriendo de mientras y volví a mirar a Thomas.

—Un placer chicas, yo soy Thomas y ella es…—la morena le interrumpió.

—Kate, me llamo Kate—miró primero a Nora para después posar su mirada en mí y no apartarla.

¿Por qué sus ojos me hipnotizaban tantos? Ahora eran de un color ámbar, eran como…

Un atardecer, el atardecer más alucinante que haya podido ver nunca.

Capítulo 5

Verdad As?—habla Nora.

—Sí—respondo casi sin saber de lo que hablaban.

Todos comienzan a reírse, excepto Kate y yo, que acaba esbozando una sonrisa al ver mi cara de confusión.

—Acabas de confirmarle a Nora que quieres una noche loca con ella—dice entre risas Jake.

—¡¿Qué?!

Volvieron a reír. Kate bebía lo que le quedaba en el termo, parecía que se estuviese aguantando la risa.

—Es broma mujer, sé que es cierto, pero que no querías hacerlo público—me codea Nora.

La miro mal y le pego un pequeño puñetazo en su brazo, ella se queja mientras sigue riendo. Veo como Thomas se pasa una mano por su pelo, peinándose un poco y nos mira a la pelinegra y a mí.

—¿Sois de aquí entonces?

—Somos de Nueva York, pero ahora vivimos aquí.

—Igual que nosotros entonces, ¿verdad Kate?—se voltea a ver a su amiga.

Ella asiente sin remediar palabra, por un momento mira a Nora y vuelve a clavar la vista en mí.

Basta, ¿puede dejar de mirarme así? Intimida.

—¡Kate!—una voz femenina grita hacia nuestra izquierda. Era una chica que pasaría poco más del metro sesenta, de pelo liso y marrón, con cara aún de niña. Se acercó a Kate y le dio un abrazo, ella le correspondió y la cogió de la cintura.

Las observé atentamente, sentía que algo se removía dentro de mí, pero estaba dispuesta a ignorarlo. Cuando se giraron a vernos de nuevo, vi cómo Kate me miraba de nuevo, analizándome. Soltó una risa nasal y empezó a hablar.

—Ella es mi hermana pequeña, Roxy—más que decirlo al grupo, parecía que me lo dijese solamente a mí.

—Hola—saludó Roxy, ésta vez con una voz algo tímida. Todos la saludamos al unísono.

—¿Qué tal el primer día Roxy?—habló Thomas.

—Muy bien Tommy—le sonrió ampliamente—, pero ya están empezando a nombrar trabajos donde tendremos que exponer temas políticos—puso cara de preocupación.

—Lo harás bien Rox, siempre lo haces—Kate dejó un beso en su cabeza.

No os voy a negar que me pareció muy tierno y seguramente estaba mirando embobada, como siempre. Kate no parecía de esas personas cariñosas, al menos no de primeras.

—¿Qué estudias?—esta vez fue Nora la que habló, cosa que me sorprendió por su interés.

—Ciencias políticas—volvió a su sonrisa tímida. Era diferente a su hermana, pero a la vez parecida.

—¿Futura presidenta?—bromea Nora.

¿Qué la pasaba? Se suele volver un poco bocazas cuando está nerviosa. La observé atenta, vi cómo me miraba por el rabillo del ojo, pero me ignoró. Seguía mirando a Roxy. Antes de mirar a la pequeña del grupo, crucé la mirada hacia Kate y ésta me miró a su vez.

Maldita coordinación.

Rápidamente miré a Roxy de nuevo, disimulando mi nerviosismo. Ella con el comentario de Nora había soltado una pequeña risa, haciendo que Kate pusiese cara de sorpresa y eso me hizo pensar que no era muy común de su hermana que riese, o al menos con desconocidos. Roxy se debió de dar cuenta y la sonrió ampliamente, mirando de nuevo a Nora con la misma sonrisa.

Seguimos hablando un rato más mientras terminábamos de comer, el que más hablaba ahora era Jake.

—¿Sabéis? Primer día de clase y ya he estado escuchando que la gente quiere hacer fiestas.

—Pronto empiezan—comento.

—Dime por favor que éste año vendrás a más fiestas, el curso pasado apenas salías.

—No prometo nada, depende cómo vayan las clases. Sabes que tengo que mantener las notas.

—Sisi, la maldita beca. Pero mira a Nora, le pasa lo mismo y salía cada finde.

—Oye oye, no me pintes ahora de borracha—dijo haciendo su drama de molestia.

—Estaría bien ir a fiestas para conocer gente. Salimos el finde y ya estamos pensando en salir de fiesta otra vez—comentó Thomas.

—¿El curso pasado no estudiasteis aquí?—dijo Nora.

—Pues esto...

—Estuvimos estudiando a distancia—le interrumpió Kate, a lo que Thomas asintió.

—Igualmente nos conocemos muy bien el campus, pero a su gente no mucho, solo de estar por la ciudad.

Seguimos hablando poco más hasta que Roxy habló después de mucho tiempo de silencio. Solo hablaba si Nora le preguntaba algo, que al parecer hoy andaba preguntona.

—Tengo que irme, un placer conoceros.

—Nos vemos en casa ¿vale?—habló Kate. Se soltaron y se despidió de todos con la mano. Nora soltó un suspiro profundo como si todo este tiempo le hubiese faltado el aire.

Vi cómo Kate miraba su móvil y suspiraba.

—Yo también tengo que irme—puso el puño hacia Thomas para chocarlo, él le correspondió.

Antes de irse me lanzó una última mirada a mí, ya era costumbre. Es un hecho que me ponía nerviosa. Vi cómo se alejaba, descaradamente. Por suerte, ni Jake ni Nora lo tuvieron muy en cuenta, pero Thomas sí, le vi sonreír curioso.

—As, hablando de irse, nosotras también deberíamos. Lo del grupo—yo fruncí el ceño y miré la hora, asentí varias veces.

—Vamos vamos. Nos vemos mañana chicos, un placer Thomas.

Astrid también se despidió de ambos, diciendo lo mismo que yo hacia Thomas.

—Igualmente chicas, suerte.

Ambas nos dirigimos al centro del campus, entramos en el edificio central y fuimos hacia una sala donde estaban yendo un par de chicos y una chica. Supusimos que allí iba a ser el grupo de debate. Ambas nos miramos cómplices y los seguimos.

Efectivamente, llegamos a una sala donde había otros dos chicos y dos chicas más, los que seguíamos se sentaron y nosotras hicimos lo mismo, juntas. Comenzamos a hablar entre algunos para conocernos un poco, tenían buena labia.

Poco después llegó una profesora. Era la que iba a llevar el grupo de debate, y aunque a mí no me da clase ni a Nora tampoco, sabíamos que algunos profesores que tenemos nos dijeron como recomendación apuntarnos, que lo llevaría una tal Isabel, que resultaba ser una Vicerrectora de la Universidad de Yale.

Para sorpresa de Nora y sobre todo de mí, no venía sola. La acompañaba Kate. Nora y yo nos miramos atónitas y volvimos a mirarla. Ambas hablaban tranquilamente mientras entraban en la clase, Kate alzó la vista y dio, una vez más, con mis verdes ojos. No pudo ocultar su cara de sorpresa, a lo que yo hice una pequeña sonrisa, haciendo que ella también sonriese de lado. Isabel le extendió el brazo para que se sentasen en las dos sillas libres que quedaban.

—Hola a todos, soy Isabel. Ya os habrán dicho que seré la que lleve el grupo de debate.

Todos la miramos cuando empezó a hablar, estábamos ansiosos por ver qué haríamos. Sin embargo, noté que Kate no la miraba, más bien me miraba a mí. Ignoré su mirada como pude y todos dijimos al unísono un hola hacia Isabel.

—Bien, algunos ya os conoceréis y otros no—Juraría por un momento que me miró a mí y luego a Kate, creo que vuelvo a delirar—así que, aunque esto vaya a parecer un grupo de alcohólicos anónimos, ¿qué os parece si decimos nuestros nombres, de dónde somos y qué estudiamos? Empezaré yo.

Todos asentimos a sus palabras y siguió hablando.

—Hola, soy Isabel, soy de Nueva York y ya no estudio como podréis ver—se hicieron las típicas risas de salón.

Ella miró a su derecha para que prosiguiesen por ahí, parece que Kate iba a ser la última. No pareció importarle. Apartó su mirada hacia mí y se encorvó hacia adelante para poder mirar a cada uno de los que irían hablando. Yo hice lo mismo, pero sin encorvarme.

Fueron hablando uno a uno, nos dimos cuenta que nadie íbamos coincidiendo en la carrera que estudiábamos. ¿Estaría hecho a posta? Seguramente.

—Soy Nora, de Nueva York y estudio psicología—vi cómo un par de compañeros asentían hacia ella, al igual que Isabel.

Era mi turno ahora, y sentí de nuevo la mirada atenta y no poco intensa por parte de Kate. Traté de no mirarla directamente y hablé.

—Yo soy Astrid, de Nueva York también y estudio periodismo—al nombrar mi carrera, no pude aguantar no mirar a la morena con esos ojos ámbar.

Seguía mirándome igual, pero juraría que noté cómo sus cejas se fruncían muy levemente. ¿Le había sorprendido lo que estudio?

Habló el chico de mi derecha, que era su turno. Kate aún me miraba con esa mirada que no lograba descifrar, era un completo misterio. Aparté mi mirada para mirar al chico que hablaba, y así a la siguiente chica. Sin embargo, por el rabillo del ojo podía notar que Kate, que la tenía enfrente, seguía mirándome sin descaro alguno. Volteé mi mirada para verla y alcé una ceja, no entendía por qué me miraba tanto. Ella parpadeo un par de veces y por primera vez, fue ella quien apartó su mirada de la mía, mirando a la chica que seguía hablando.

Hasta que llegó su turno. Cogió aire antes de hablar.

—Soy Kate, de Nueva York y estudio lingüística—lo dijo en un tono serio, con el rostro neutro, mirándome otra vez a mí.

¿Lingüística? De todas las carreras que había no me la había imaginado estudiando justamente esa. ¿Tanto le gustaban los libros?

Giró hacia Isabel, esperando que hablase. Aproveché, con esa nueva información, a mirarla con más detalle. No había tenido en cuenta que un brazo suyo está tatuado. Tiene una mezcla bien hecha de cosas como relojes, brújulas, notas musicales, un par de libros y ¿gafas? ¿Tenía unas gafas tatuadas? No entiendo nada. Como giró su cuello para mirar a Isabel, dejó al descubierto su cuello y la parte trasera de su oreja, donde pude ver unas palabras en un idioma que no podía reconocer. Fruncí el ceño y volví mi mirada hacia Isabel.

—Bueno, ahora que todos sabemos un poco del resto, para iniciar bien el grupo quiero proponeros un tema y que empecéis a debatir sobre ello todo lo bien que sepáis. Obviamente, como adultos que ya sois espero que respetéis el turno de cada uno. ¿Preparados para conocer el tema?

Todos asentimos hacia ella, emocionados.

—Advierto que es un tópico, pero quiero que profundicéis, que lo hagáis enserio, no seáis como yo y me copiéis en lo tópico. Sé que al principio os costará profundizar, pero según habléis todo tiene que tener una profundización, ¿entendido?

Volvimos a asentir, parecían órdenes.

—Perfecto, pues el tema es...—hizo un silencio teatral para mirarnos a todos—el amor.

Nos miramos atónitos, vi cómo Kate sonreía de lado sin preocuparse. Miré a Nora y me devolvió la mirada.

—Genial, justo el tema que no se me da bien—me dijo susurrando.

—Habrá que intentarlo—me encogí de hombros.

En verdad no tenía ni idea de qué decir sobre ello, ¿qué debate era el amor? A ver, sí, es posiblemente el mayor debate en la historia de la humanidad, los sentimientos amorosos y todo lo que conlleva, pero si lo pensabas bien... Cuando estás enamorado no sabes describirlo, te quedas muy corto, es inexplicable. ¿Cómo haríamos nosotros ahora para debatir? Seguramente todos tendríamos una idea parecida entre nosotros. Una voz me sacó de mis pensamientos para mirarle.

—El amor es posiblemente el sentimiento más fuerte que todo ser vivo puede sentir, más que el odio—dijo el chico que estaba a mi lado.

—El odio corrompe al amor, no creo que sea el sentimiento más fuerte. El amor significa querer, y al final el querer suele ser sinónimo de codicia—habló una chica.

—Querer será codicia, pero amor no es sólo querer. Amor es conectar con el alma de alguien, y debemos aceptarlo, aunque a veces de miedo.

—Entonces el amor da miedo, ¿por qué querer algo que da miedo? Yo no quiero a una paloma—habló Nora. Todos nos reímos por su comentario y volvimos a debatir.

Me sorprendió su comentario, ¿el amor le daba miedo? Nunca me había dicho por qué siempre andaba ligando de fiesta, sin llegar a enamorarse de ellos o ellas. No tenía pareja desde aquel novio al principio del último curso ¿De verdad le asustaba enamorarse?

—Todo da miedo en esta vida. Si tenemos un sueño y queremos luchar por ello, lucharemos contra nuestros obstáculos que seguramente sean nuestros propios miedos. ¿Por qué no hacerlo también por el amor? Con el tiempo nos hace fuertes—dijo la chica que estaba al lado de Nora.

—El amor es una pérdida de tiempo y nos hace débiles, vulnerables—ésta vez fue Kate la que habló y la miré sorprendida.

¿Eso pensaba ella? Fruncí el ceño sorprendida, yo la miraba, pero ella a mí no, estaba mirando al suelo. Me sorprendí a mí misma cuando abrí la boca para responderla.

—El amor te hace fuerte, duele, pero para eso está. Para aprender. Siempre está presente, a veces en las grandes cosas, pero son las pequeñas cosas que amas y quieres las que hacen que la vida continúe—hablé con decisión.

—Por amar puedes amar muchas cosas, eso es inevitable. Se llaman gustos. Pero creo que el tema tira más al amor entre dos personas o incluso más. ¿Para qué amar a alguien? Para desconfiarte. Le contarás todo de tu vida para que luego te destruya dándote donde más duele—contestó Kate.

—Eso no es amor, si alguien te hace eso, lo tuyo sí sería amor, lo de la otra persona no. El amor es algo tan frágil que en las manos de personas equivocadas es un arma mortal. Si cae en las manos de la persona correspondiente, la que está destinada, eso será amor—la contraargumenté.

Hubo una pequeña pausa porque tanto Kate como yo nos quedamos mirando en silencio, para mirar a Isabel después casi a la par. Nos dimos cuenta que el resto nos estaba mirando como si fuese un partido de tenis, no se atrevían a meterse.

—Seguir seguir, no os cortéis—nos dio una sonrisa algo pícara.

Kate esperó unos segundos para ver si alguien más hablaba, yo miraba a Nora que a su vez me miraba a mí, tenía cara de sorprendida, pero me dio la misma mirada que Isabel. Al ver que nadie más decía nada, Kate siguió hablando.

—Entonces...—captó mi atención y nos miramos desafiantes, preparadas—¿Persona destinada? ¿Me habla de alguien destinado para otro alguien una persona que no cree en el mismísimo destino?—vi cómo ella sonreía desafiante, la situación le parecía divertida.

Fue a pillar, fue a matar. Volvimos a la guerra del destino. ¿Quiere guerra? Bien.

—¿Me lo pregunta la misma que cree en el destino, pero no que haya una persona destinada hacia alguien, haciendo que surja así el amor?

Sentía que mis mejillas ardían, y cuando ella dijo lo siguiente también empezó a ponerse roja. Más que un debate comenzaba a convertirse en una pequeña pelea. Por suerte estábamos a unos metros de distancia, de frente, pero lejos.

—Una persona destinada a otra no tiene por qué ser por amor, también puede ser por amistad—dijo Kate.

—Oh venga, ambas sabemos que el amor del que estamos hablando no es entre dos amigas. Sabes de qué hablamos, todos lo saben—la contesté bastante rápido, sin pensar apenas.

Ella puso la mirada más seria y vi que sus ojos se oscurecían.

¿Por qué se le oscurecían? Es como si estuviese enfadada, pero juraría que la noche de la fiesta también lo hacían cuando me miraba con lo que creo que era... ¿Deseo?

Dios, esta mujer es un enigma. No logro entender nada. ¿Es posible que Nora haya captado algo de ella que yo no? Siempre ha sido la mejor para ver hasta el mínimo detalle en la forma de ser de una persona, por algo será la mejor psicóloga que conozco.

Me concentré más en su mirada, no quería que me intimidase, estaba preparada para lo que sea que me lanzase. Todos se mantenían en silencio, la tensión se palpaba en el ambiente, una tensión que pendía de un hilo que nadie quería romper.

—El amor entre una pareja siempre acaba en desgracia, quizá no totalmente, pero nunca será como al principio, todo se irá desquebrajando, poco a poco...—lo fue diciendo con una tranquilidad que me dejaba helada, terminado la frase en un suave susurro. Era un comentario frío, pero en sus ojos podía percibir dolor.

—Nunca nada es lo que fue en un principio, todo cambia, es una evolución. Si crees en el destino, deja que el destino decida si esa evolución irá para bien o irá para mal. No te interpongas—creo que lo dije más seria de lo que lo quería decir, una parte de mí estaba cabreada por cómo pensaba, por otra parte, intentaba comprender qué le había llevado a pensar así.

De todas formas, según fui pronunciando cada palabra, vi cómo su mirada bajaba a mis labios. Hice todo el esfuerzo del mundo, ayudado por mi orgullo, para que las palabras no se trabasen en mi lengua al ver cómo ella me observaba la boca de aquella manera. Al terminar, inconscientemente me mordí el labio inferior para contenerme a decir algo más, ella hizo lo mismo seguramente por el mismo motivo y ésta vez fui yo quien bajó la mirada a sus labios. Creo que la tensión del ambiente cambió un poco...

Isabel se debió de dar cuenta y dio un aplauso que sonó en toda la sala. Todos dimos un pequeño brinco por el susto, estábamos ensimismados en el debate. La miramos atentos.

—Muy bien chicas—nos miró a ambas y yo me encogí algo roja por la vergüenza. Kate se revolvió en su sitio—lo habéis hecho todos genial, creo que daremos por concluido el debate de hoy ¿os parece?

Ni siquiera nos dio tiempo a llevarle la contraria, si es que alguien se atrevía, porque cambió de tema a hablar sobre unos campeonatos estatales.

—A lo largo del año se harán varias competiciones de debates entre Universidades y algunas asociaciones de debates, de aquí no podréis ir todos, pero eso ya lo comentaremos el próximo día más a fondo. Lo único que os quería decir ahora es que la próxima reunión será el viernes, y la siguiente el martes, así todas las semanas. Obviamente es voluntario, que venga quien quiera y cuando pueda. Podéis iros.

Todos empezamos a recoger nuestras cosas y levantarnos.

—Me tengo que ir ya As, tengo algo de prisa.

—No te preocupes, ve, luego hablamos.

Me dio un rápido abrazo y fue la primera en salir de la clase.

—Vosotras dos—Isabel nos miró a Kate y a mí—quedaros un momento conmigo.

Toda la clase nos miró y luego nos miramos la una a la otra, aún seguíamos un poco rojas al parecer. La emoción del momento.

Todos abandonaron la clase y fue entonces cuando ambas nos acercamos a Isabel.

—Habéis hecho un buen debate, hacía muchísimo tiempo que no veía algo así. Habéis profundizado más de lo que me esperaba para ser el primer día, aunque ha habido un punto que habéis tirado por lo personal—miró a Kate.

Kate rodó los ojos al escucharla, sonriendo de lado, a lo que Isabel respondió con una sonrisa. Algo me da que ellas dos ya se conocen, por las confianzas.

—En cuanto a ti Astrid, ¿te sueles poner así de roja normalmente?

La morena de mi lado empezó a reír a carcajada limpia, era la primera vez que la escuchaba reírse así, y aunque al principio me pareció la mejor risa que he escuchado nunca, luego me acordé de por qué se reía y achiné los ojos mirándola. Vi como ella apretaba la mandíbula para parar de reír y me observaba atenta.

—No que yo sepa, pero a veces me...

—Pico—me interrumpió Kate.

—¿Qué?

—Que te picas, rubia.

La miré con mala cara y ella sonrió de lado. Isabel volvía a intercambiar miradas entre ambas.

—Bien, entonces hay un objetivo para cada una por mi parte. Que Astrid no se ponga tan roja al discutir y que Kate no ataque por lo personal—asentía para sí misma.

Ambas nos miramos extrañadas, creo que pensábamos que estamos frente a una loca o algo así.

—No pongáis esa cara anda, podéis iros ya.

—Nos vemos—me despedí.

Fui directa al pasillo nada más salir de clase, todo estaba vacío. Por detrás de mí me pareció escuchar unas palabras de dos voces diferentes y luego cómo alguien bufaba, seguido de unos pasos algo rápidos que se acercaban. Me giré para ver quién era y me encontré a Kate acercándose hacia mí, yo rodé los ojos y volví la mirada al frente.

—¿Tienes prisa, rubia?—se puso frente a mí, cortándome el paso.

—Sí—dije sin mirarla e intenté apartarme de ella. No seguía tan enfadada, no después de escuchar cómo me llamaba rubia, pero quería seguir así por mi orgullo, obviamente.

Ella, para mi sorpresa, puso su cuerpo tapando el hueco por donde quería ir y me alzó el mentón, haciendo que la mirase. Según me subía el rostro, dejó su dedo pulgar cerca de mis labios, mirándolos por una milésima de segundo para subir luego su mirada a mis ojos. Aún seguían oscuros.

—Dímelo a los ojos, ¿tienes prisa para irte?

Me mantuve callada, no podía mentirle a la cara. No tenía prisa alguna, aún era pronto.

—Lo que yo creía—sonrió triunfante.

Me soltó el mentón y bajó su mano hacia la mía, intentando cogerla. Miro hacia su mano y me volvió a mirar, estaba volviendo a dejar la pregunta al aire sin pronunciarla, como la noche de la fiesta cuando quería cogerme de las caderas.

—Ven conmigo.

—¿Para qué?—ladeé mi cabeza.

—Quiero enseñarte algo, ¿confías en mí?

Hombre, la conocí una noche y éste era el segundo día que coincidíamos, confiar no confiaba plenamente, pero algo dentro de mí me decía que fuese con ella y confiase.

No interrumpir al destino. Sonreí para mí misma.

No quise responder a su pregunta, pero la cogí de la mano, notando un apretón cuando nuestras manos estuvieron en contacto. Notaba una calidez que hacía que algo dentro de mí se removiese. Ella me sonrió y comenzamos a caminar, con algo de prisa por su parte y la seguí sin soltar nuestras manos.

—Vamos entonces, princesa.

Capítulo 6

Vamos entonces, princesa.

Ahí estaba llamándome de nuevo princesa, aún seguía pensando que aquella noche me lo dijo porque soy rubia, así que mientras íbamos caminando por unos pasillos, no aguanté la tentación de preguntarle por ello.

—¿Me llamas princesa por ser rubia?

Ella me miró con su sonrisa ladeada, le daba una chulería demasiado seductora para mi gusto.

—Es posible, ¿te molesta?—su tono era tranquilo.

—No, pero igual me tenías por una Barbie—dije en tono divertido.

Me sorprendí a mí misma en cómo se me había pasado ya el enfado por el debate, quizá era porque íbamos caminando a paso ligero entre pasillos de la Universidad con las manos cogidas.

—Que yo sepa Barbie tenía a un tal Ken detrás suyo, a no ser que en tu caso ese Ken sea Jake.

—¿Jake? Es como un hermano para mí, aunque la gente nos diga que pegaríamos como pareja.

Ella asintió con una pequeña sonrisa, parecía como si hubiese aclarado alguna duda suya. Noté cómo entonces, nuestras manos que simplemente estaban cogidas, pasaron a estar entrelazadas. Encajan tan bien...

Ella giró con suavidad hacia un lado y nos quedamos frente a lo que creo que es la biblioteca de la Universidad.

—¿Me has traído a una biblioteca para matarme? Muy literario por tu parte, pero...—un dedo sobre mis labios me interrumpió.

Kate había puesto su dedo índice para hacerme callar, posando su vista también en ellos. Yo la miraba expectante, ésta mujer hacía cosas que me pillaban por sorpresa.

—En las bibliotecas hay que entrar en silencio, rubia—iba susurrando mientras bajaba su dedo índice por mi labio inferior. Mis mejillas empezaron a arder.

¿Qué calor no?

La sonreí con timidez y asintió. Abrió la puerta y pasamos ambas, con las manos entrelazadas. No había ni un alma en la biblioteca, aún era el primer día y los únicos que quedábamos eran los del grupo de debate, que ya se habrían ido excepto nosotras dos. Sin embargo, en el mostrador de la biblioteca, en pleno centro, había una chica cuya cara me sonaba y mucho. Ella alzó la cabeza al vernos entrar y nos miró curiosas, primero a mí y luego a Kate. Nos acercamos a ella.

—¿Qué os trae por aquí, Kate y...?

—Astrid—dije, ella asintió.

—¿Me puedes dejar las llaves Sarah?

Sarah. Claro que recordaba quién era, la que cubría la entrada de la zona VIP de Marquee. ¿Todo el mundo de esa fiesta vivía en New Haven o qué?

Sarah frunció el ceño e intercambió miradas entre nosotras.

—¿Para qué las quieres?

Kate resopló ligeramente, no quería dar muchos detalles.

—Tengo que coger un libro.

La miré confundida y ella me observó de reojo. Sarah cogió unas llaves y se las extendió.

—Ni se te ocurra liármela, como las pierdas mi madre me matará, ya lo sabes.

—Sabes que no lo haré, descuida.

Se guardó las llaves en el bolsillo del pantalón y me dio un apretón en la mano, aviso de que íbamos a movernos. Comenzamos a caminar hasta que una voz me hizo girar la cabeza.

—Ya nos veremos Astrid—dijo Sarah con un tono que no entendí.

—Supongo que sí—la dije, dudosa.

Kate se giró hacia ella y vi cómo le ponía una cara muy seria, amenazante. Sarah simplemente le guiñó un ojo.

No sé de qué se conocerían estas dos, así que como los misterios me matan, lo que hice fue preguntarle a Kate.

—¿Es amiga tuya?

—Algo así, es mi prima.

Abrí la boca en forma de 'o', denotando sorpresa. Con razón pudieron entrar ella y Thomas en la zona VIP aquella noche.

No dijimos más al respecto y acabamos frente a una puerta de manera, cerrada con cerrojo. Sacó las llaves y abrió la puerta, dejando ver unas escaleras que se dirigían hacia un sótano. Yo me quedé observándolo, luego la miré a ella.

—De verdad parece que me vayas a querer matar.

—Al menos aún no—bromeó—te pedí que confiases en mí.

Yo simplemente asentí, de verdad que no sabía que decirla. Soltó mi mano, indicando que pasase yo primera. Y así lo hice.

Kate dio a un interruptor que encendió una bombilla que colgaba del techo, permitía ver las escaleras y lo que hubiese ahí abajo. Fuimos bajando las escaleras y cuando se acabaron, di dos pasos más observando el lugar.

Eran todo estanterías, perfectamente colocadas. Eran de una madera ya vieja, no era tan moderna como la biblioteca de arriba, pero parecía que éste sitio fuera un lugar secreto donde poca gente había entrado. Había una gran cantidad de libros y cajas de cartón cerradas, no sabía qué había dentro de ellas. Al lado de la entrada y también salida, había un escritorio blanco con una silla sujetadas por rueditas pequeñas. Un poco más al fondo de los estantes, vi que había también un sofá. Estaba quieta en mi sitio sin moverme, observando todo. Todo me daba respeto, me daba la sensación de que era un sitio sagrado al que no tenía permiso para poder tocarlo.

—Puedes mirar, los libros no muerden—dijo Kate susurrándome en mi oído.

Un escalofrío recorrió mi piel al notar su tranquila voz sobre mí. Notaba que su rostro estaba cerca del mío, pero respetaba las distancias de nuestros cuerpos. La miré girando la cara y ella dio una cabezada al frente, indicándome que tenía el permiso para explorar todo.

Fui hacia delante y fui entre los estantes, observando los libros. Muchos eran libros viejos, unos clásicos de toda la vida: Orgullo y prejuicio, Moby Dick, Crimen y castigo, Hamlet, Las mil y una noches, Cien años de soledad, Cumbres Borrascosas...

Acaricié el lomo de éste último y lo cogí con cuidado, me parecía todo muy delicado, antiguo.

—¿Son ediciones originales?

—Los libros sí.

—¿Hay algo más aparte de libros?—miré las cajas de cartón.

Ella se acercó a una de las cajas y la abrió, me puse al lado de ella para observar. Había muchísimos periódicos. Mis ojos se abrieron como platos y ella me miró, sonriendo al verme los ojos.

—¿Qué pasa?—dije con voz animada.

—Tus ojos...—los miró por un rato más—es como si brillasen.

Yo arqueé una ceja y reí.

—¿Puedo?—dije mirando los periódicos. Quería cogerlos.

—Adelante.

Cogí el primero y lo observé. Era un periódico de The Washington Post, anunciando la primera guerra mundial. Lo ojeé por encima y pude ver titulares de noticias de hacía por lo menos 100 años. Esto era increíble. Reí sin querer, me parecía todo tan surrealista que ni siquiera sabía cómo había acabado viendo esto.

—¿De dónde han sacado todo esto?

—No lo sé, simplemente estaban aquí cuando lo encontré.

—¿Y cómo encontraste este sitio?

Ella se mantuvo callada, pensativa, antes de responder.

—Cuando era pequeña venía mucho a New Haven, sobre todo de vacaciones. Mis padres conocían a los rectores de entonces, yo les acompañaba, pero me escapaba por los pasillos. Un día encontré esto y bueno, aquí estamos.

Yo asentí sonriendo y seguí mirando los periódicos. Habían de muchos sitios del mundo: Italia, Estados

Unidos, México, España, Alemania, Rusia. No podía leer algunos por el idioma, pero reconocía por el nombre del periódico de dónde procedían.

—¿Y por qué están aquí? Me refiero, hay una biblioteca arriba, ¿por qué no dejar que la gente los lea?

—Se intentó hace muchos años según me dijeron, pero lo mejor era que las cosas antiguas y de valor permaneciesen ocultas. No todo el mundo debería poder leer éstas cosas, no si las van a tratar como no se merecen.

—Entonces me estás diciendo que yo lo merezco.

—Supongo, vas a ser periodista.

—Muchos van a ser periodistas—dejo los periódicos en la caja—¿por qué yo, Kate?

La miré atentamente, ella hizo lo mismo sin saber casi qué responder.

—Intuición, y porque quiero.

Se separó y empezó a vagar entre los estantes.

—¿Buscas algo?

—El motivo por el que te he traído.

Frunzo el ceño y me mantengo callada, sigo mirando algunas cajas más de periódicos. Pillo una de las cajas y la llevo hacia el escritorio. Hay muchos más periódicos dentro, me doy cuenta de que no están ni siquiera ordenados. Había periódicos de principios de los años 10 e igual el siguiente era de los años 60. Me estaba hasta angustiando por los saltos temporales, me encantaría poder ordenar todo y luego leerlo por cronología.

Oigo un resoplido por parte de Kate y me giro hacia ella, poniéndome contra el escritorio y un periódico en mano. Se acerca a mí y observa el periódico.

—No están ordenados por cronología.

—Lo sé, acabas viajando por el tiempo sin sentido.

Guardo el periódico en la caja y vuelvo mi mirada al frente, veo cómo ella mira hacia el escritorio girando un poco su cabeza, pero no hago caso a su movimiento. Observo el sofá que hay al fondo y saco una vez más mi necesidad de conocer misterios.

—¿Pasas mucho tiempo aquí?

—A veces, todo aquí son clásicos de la literatura, pillo uno y lo leo sobre el sofá.

—¿Y por qué no coger uno y llevarlo a casa?

—Porque allí ya tengo muchos más libros, rubia.

Nos quedamos un rato en silencio, mirándonos fijamente. No era un silencio incómodo, al contrario, era un silencio que me daba tranquilidad. Un silencio en el que estábamos ambas y ninguna molestaba a la otra, solo y muy posiblemente, nuestros propios pensamientos. Hasta que decidí cortar el silencio.

—¿Ya encontraste lo que buscabas Kate?

—De hecho, sí—se acercó hacia mí.

Esta vez no respetaba mucho las distancias entre nuestros cuerpos, eché mis brazos hacia atrás para apoyarme en el escritorio. Yo me había quedado paralizada al ver cómo esos ojos ámbar, que se oscurecían por alguna razón que aún no lograba entender, se acercaban a mí sin apartar la vista de los míos.

Quedamos pegadas, muy pegadas, demasiado pegadas la una a la otra. Podía notar su respiración agitada, al igual que la mía. Giró un poco su cabeza y noté que su brazo se deslizaba por la madera del escritorio, notando su aliento contra mi rostro. No sé en qué momento nuestras miradas habían acabado por terminar viendo los labios de la otra. Noté que por casi ni un segundo, nuestros labios se habían rozado lo más mínimo, de manera tan ínfima que ambas lo notamos, noté como una descarga recorría mi columna vertebral. Entonces se apartó ligeramente y me enseñó el libro que tenía en su mano.

¿Se había acercado así para coger solo el libro o...?

Leí el título y me quedé extrañada. Romeo y Julieta, de William Shakespeare.

—Es un libro original—hablaba en susurros—quiero que lo leas.

—Una historia de romance que acaba en tragedia. Ya me vi las ochenta películas que han hecho sobre ello.

—¿Me vas a comparar las películas con el libro?—alzó una ceja.

Tenía razón, lo mejor iba a ser leer el libro, la verdadera historia. Sin embargo, ¿qué quería ella demostrar?

—¿Y por qué quieres que lo lea?

—Porque el amor es trágico, aunque dos personas estén destinadas.

Tenían que ir por ahí los tiros, el tema del debate. Me reí con algo de amargura y negué con la cabeza.

—¿Quieres que cambie de opinión?

—No, quiero que veas otro punto de vista. Mi punto de vista.

—Puedo leerlo y seguir viendo mi mismo punto de vista, no el tuyo.

—Por eso mismo no solo quiero que lo leas, quiero que escribas lo que te llame la atención, la frase y en qué página está. Luego haremos una tertulia.

—¿Una tertulia? ¿Me estás poniendo deberes?

—Podría ser peor, rubia. Créeme—sus ojos aún estaban oscuros y el tono que había usado era pícaro, muy pícaro.

Sin poder evitarlo me mordí el labio inferior y ella me sorprendió cuando con su dedo pulgar, deshizo el mordisco que estaba dando a mi labio, liberándolo y acariciándolo de nuevo.Una vez más me quedé ahí, estática. Esto me estaba resultando hasta una tortura.

—¿Lo leerás?—la miraba sin poder decir nada—Por favor.

¿Kate pidiéndome por favor por leer un libro? Esto debía ser un milagro.

—No prometo nada—cogí el libro.

—Bien, pues aquí no volverás a entrar hasta que lo hayas leído.

Mierda.

Ella sabía que iba a querer volver, sobre todo por los periódicos. Ahora me iba a dejar con el conocimiento de este lugar al que ahora no podría entrar hasta que no me leyese el maldito libro. Y por eso resoplé. Ella simplemente sonrió.

Kate cogió la caja que había pillado antes y la colocó en su sitio. Iba a subir las escaleras cuando me miró.

—Venga rubia, no puedes estar aquí, ya lo sabes.

—Sabes que eso podría considerarse tortura, ¿no?

—¿Tortura esto? No has visto nada entonces—volvió a sonreír de lado, con esa mirada traviesa que la caracterizaba cuando decía cosas así.

Me ruboricé y me adelanté a ella para subir las escaleras, no quería que me viese así. Metí el libro en la bolsa y subí. Salimos y cerró la puerta tras de sí.

Nos acercamos de nuevo al mostrador y dejó las llaves en el sitio donde las había cogido Sarah, ella ya no estaba. ¿Cuánto tiempo habíamos pasado allí abajo? Saqué el móvil y miré la hora, me sorprendí al ver que había pasado algo más de una hora.

—¿Viniste en coche?—me dice.

—Sí, lo tengo en el parking.

—Te acompaño.

Ambas salimos de la biblioteca y recorrimos pasillos de nuevo para llegar al parking. En la zona que es de alumnos, solo quedaban dos coches, el mío y un Volkswagen negro, bastante moderno.

—Todo un clásico tu coche. ¿Mustang?

—Sí, lo tengo de hace nada. Tu coche no es para nada clásico, es muy moderno.

—Lo sé, también lo tengo de hace nada. ¿Hacemos una carrera?

La miré con los ojos abiertos y reí.

—No gracias, no quiero perder mi orgullo.

—Orgullosa...—murmuró bajito, pero conseguí escucharla.

Se llevó un pequeño golpe en su hombro por mi parte, la miré con los ojos achinados y ella se sobó el hombro como si le hubiese dolido.

—Creía que eras más dura, señorita destino.

Ella sonrió y soltó una risa nasal mirándome.

—No sabes nada, señorita del amor.

No sé nada dice, no sabe lo que hace creándome misterio. Los misterios son lo mío, yo los descubro.

—Ya veremos.

Nos quedamos las dos en silencio, no sabíamos cómo despedirnos. Sus ojos habían vuelto a su color original, ámbar. Noté cómo se me subía el calor a la cara, supuse que era la vergüenza que me estaba entrando y respondí riendo nerviosa. Ella lo notó y se acercó, sonriendo al verme roja. Me cogió de la mano e hizo el mismo gesto que esa noche hizo, me dio un beso en ella como si fuese una princesa.

—Por favor, no soy una princesita buena Kate. Todo lo contrario—sus ojos se oscurecieron otra vez.

—Eso habrá que verlo, Astrid—dijo mi nombre en un susurro y dejó mi mano para alejarse hacia su coche.

Yo hice lo mismo y fui hacia el mío, noté que observaba cómo me metía en el coche mientras ella estaba dentro del suyo. Arrancó su coche, juraría que vi cómo se pasaba las manos por su rostro y cogía aire para luego suspirarlo. Salió del parking y la perdí de vista.

Fui hacia casa conduciendo, pensando en cómo había sido mi primer día.

Llegué a casa y allí estaba mi madre. Le conté cómo fue mi primer día, sobre mis amigos y el grupo de debate. Sin embargo, todo con respecto a Kate no lo nombré. Dije que había llegado más tarde de lo que debía porque se había alargado el debate, subí a mi habitación y me puse a leer varias cosas como hago siempre mientras escuchaba música.

Cogí mi móvil y le escribí a Nora, contando un poco por encima de lo sucedido. Me pidió que mañana le contara con más detalle.

Después, me eché en la cama con el portátil y me quedé mirando la bolsa que había llevado a clase, donde asomaba el libro de Romeo y Julieta. Suspiré y lo cogí, empecé a leerlo.

Lo empecé a hacer porque lo que quería era volver donde estaban aquellos periódicos, sobre todo por eso, ¿verdad?

Creé un archivo en el ordenador y fui escribiendo lo que me llamaba la atención, tal y como Kate me pidió.

No tardé mucho en bajar a cenar para luego dormir, mañana tenía que volver a madrugar, así que guardé el libro y el ordenador y me metí entre las sábanas, aun rondando por mi cabeza cómo mi labio inferior era acariciado por el pulgar de una chica morena.

Capítulo 7

Cuanto más sabe una persona, menos feliz es. Eso es lo que suele decir la gente. Yo pienso que cuanto más sabes, más sensato eres. No tener conocimiento de las cosas hace que seas un inculto, uno más del montón. Hoy en día todo está controlado, solo hace falta ver en una ciudad con mucha gente cómo las personas van de un lado para otro, en horas puntas las calles están abarrotadas de estudiantes y trabajadores que van a gastar su preciado tiempo, trabajando por el dinero, por sobrevivir.

¿Ese es nuestro destino? Nacer, vivir un poco, estudiar, trabajar y morir. La vida es sufrimiento, pero también alegrías. A qué costo es lo que me pregunto.

Aquella noche soñé con calles vacías, altos edificios que brillaban en la más absoluta soledad. Todo se había acabado, nadie respiraba, nada se movía. Todo parecía igual excepto por la gente. Crucé una calle, me adentré en un callejón movida por una sensación que me llevaba como si fuese una hoja impulsada por el viento.

Al final, en mi destino, había unas escaleras que dirigían a un sótano. Un sótano con estantes, lleno de libros y cajas. Había un escritorio de madera, encima de él había papeles cuya letra no podía leer, estaba borroso. Al lado un libro, un libro cuya portada reconocía de haberlo empezado a leer. Pasé mi mano por él, entonces un pequeño vendaval sacudió mi pelo y me hizo girarme en dirección donde iba el viento. Unos ojos ámbar que reconocía muy bien me observaban, se acercaban con lentitud, se oscurecían hasta llegar a estar tan cerca de mí que podía notar cómo me atravesaban. Parecían entenderme, pero guardaban misterio. Cuando fui capaz de parpadear, no pude volver a verlos, todo se volvió oscuro.

Abrí los ojos con pereza, vi un haz de luz que iluminaba lo que parecía una habitación. Mi habitación. Escuché unas patitas andando y dando pequeños golpes en la puerta. Supe que era Salem. Mi madre abrió la puerta y me dio los buenos días. El gato entró y subió a mi cama, restregando su cara contra la mía, yo hice lo mismo con él y comenzó a ronronear. Un buen despertar.

Desayuné tranquilamente y recogí mis cosas para ir a clase, en mi coche claro. Fui pensando por el camino sobre el sueño; las calles vacías, el sótano de la biblioteca, el libro y esos ojos que me atravesaban. Iba conduciendo, pero apenas recuerdo el camino que recorrí hasta llegar al parking, iba absorta en mis pensamientos hasta que alguien tocó el cristal de mi coche, pegué un brinco y me giré para ver el rostro de Nora ante mí saludándome.

—Buenos días, ¿llegaron los extraterrestres para recopilar toda tu información de periodista y te han abducido ya? Tienes pinta de andar en Narnia.

Apagué el motor y salí del coche, cogiendo aire pesadamente.

—Perdona, andaba pensando en algo.

—¿Algo o alguien?—me miró divertida—Los chicos están por allí y Kate también—señaló a la entrada del parking, donde ellos nos estaban mirando.

Volví a dar con esos ojos, pero en la vida real.

—¿Segura que estás bien? Me tienes que contar qué pasó ayer a la tarde.

—Sí, estoy bien. Y sobre ayer... Estuvimos en una especie de sótano con libros.

—¡¿Y follasteis?!—gritó tan alto que la mande callar. El grupo aún nos observaba.

—¡No!

—¿Y por qué estás tan roja?

¿Estaba roja?

—Es que tengo calor, aún no hace mucho frío.

—Ya claro, ese calor tiene nombre, guapa.

Le di un leve empujoncito con el hombro para que se callase, estábamos al lado de Jake, Thomas y Kate.

—Hola Astrid—dijeron Jake y Thomas al unísono, a lo que ellos rieron después.

—Hola—les sonreí.

—Hemos estado pensando en salir el viernes a tomar algo en el bar de Grey's. ¿Os parece?—habló Thomas.

—Claro, pero tenemos una reunión de lo del debate, no sé a qué hora saldremos—dije.

—Ya... Sobre eso—habló Nora—no creo que vuelva a ir.

—¿Qué? ¿Por qué?

—No es para mí, soy más de leer mentes—me guiña un ojo. Yo suspiro y le pongo ojitos de 'no me abandones', pero me ignoró completamente.

—Entonces te unes después, As—dijo Jake.

—Nos unimos—miré a Kate y ella asintió.

—Oh, ¿vais ambas el grupo de debate?—dijo Thomas con un tono melódico hacia Kate. Ella le miró mal y me hizo gracia, luego me pareció algo extraño—Alegra esa cara morena, ¿no amaneciste bien?

—Amanecí mejor que en toda mi vida—le sonrió y me miró de reojo.

La gente empezó a moverse de camino a las clases, ya iba siendo hora de ir entrando. Nos dimos cuenta y empezamos a caminar, Nora se adelantó para ponerse entre medio de Thomas y Jake mientras hablaban. Yo iba detrás de ellos y Kate se puso a mi lado.

—¿En qué pensabas rubia?

—¿A qué te refieres?—la miré.

—Cuando entrabas al parking, tenías la mirada perdida.

—Oh…—me quedé pensativa sin saber qué decir, ella me miraba curiosa—tuve un sueño algo raro y andaba pensando en ello.

—¿Puedo saber sobre qué era?

—¿Hoy estás preguntona?—le dije divertida. Me miró con la misma cara divertida.

—Algo así, ¿no eres tú igual de curiosa?

No sé por qué, pero sentí mis mejillas arder de nuevo. Miré al frente y di con el trío calavera mirándonos casi sin disimular. Cuando se dieron cuenta que les estábamos mirando, avanzaron el paso y hablaron entre susurros. Me rasqué la nuca y Kate se rascó una ceja mirando al suelo.

—Soñé con un libro, te puedes hacer idea de cuál—ella sonrió de lado y me miró.

—Así que has empezado a leerlo eh rubia.

—Un poco, no tenía nada mejor que hacer—intenté quitarle importancia.

—Claro...

La miré un poco mal para hacerme la ofendida, pero creo que no podía molestarme con ella.

—No me mires así rubia, estás haciendo todo un drama.

Esta vez sí que la miré algo peor y ella rió.

—¿Sabes? Cuando te enfadas parece que se van a unir tus cejas, pero ahora no es así.

Me puse roja al instante y aparté la mirada hacia otro lado, no podía con esta chica.

—¿Necesitas agua? No te vayas a poner a toser otra vez.

—Dios, cállate.

Ella abrió la boca para añadir algo más, pero debió arrepentirse porque no dijo nada, a lo que a ella también se le debieron de subir los colores porque sus pómulos enrojecieron.

—Bueno chicas, yo tiro para allí—dijo Jake cabeceando hacia la facultad de Químicas.

—¿Eres el único científico rubito?—habló Thomas.

—Eso parece, sois todos unos letrosos.

—Eh oye, que en psicología también damos anatomía, eso es científico—dijo Nora.

—Te pilla más cerca venir conmigo, pero claro... Como quieres ir con Astrid...—dijo dramatizando.

Nora miró a Thomas, a Kate y a mí.

—¿Sabes qué? Me voy contigo—le dijo Nora. Jake se puso a celebrar y la cogió por los hombros riendo.

—Menudo abandono Noraemon—le dije.

—Te dejo en buenas manos—me guiñó un ojo—nos vemos para comer.

Será cabrona.

Y así nos dirigimos los tres hacia nuestras facultades.

—¿Qué estudias Thomas?—le miré.

—Historia, siempre me ha gustado—sonrió—¿Tú? Ni siquiera lo sé.

—Periodismo, desde pequeña lo pensaba.

—Haríamos buena pareja cielo, de no ser porque soy gay—se encogió de hombros y yo reí.

Noté que Kate le miraba con una ceja alzada mirando a Thomas y él le guiñó un ojo. Anduvimos un poco más hablando entre los dos, mientras Kate simplemente escuchaba.

—Bueno, yo os dejo aquí—dijo Kate. Estábamos ante la facultad de Literatura y Lingüística.

Thomas se acercó a ella a darle un pequeño abrazo y dejar un beso sobre su cabeza, ella lo aceptó y le dio una palmadita en la espalda. Me quedé viéndoles y entonces Kate puso su mirada en mí.

—¿Tú no me das uno rubia?—dijo con burla.

—Más quisieras Julieta.

Thomas empezó a reír a carcajadas y le acompañé, mientras dejábamos atrás a Kate con una sonrisa ladeada.

—¿Tú eras la de la fiesta en Marquee no?—me dijo Thomas. Yo solo asentí.

—Te mueves bien Astrid, siento que os tuviese que interrumpir, hacía tiempo que no veía a Kate contenta, pero teníamos que irnos.

—No te preocupes—le sonreí y no pude contenerme—¿por qué tuvisteis que iros?

Él rió y negó con la cabeza.

—Sí que tienes la vena curiosa de periodista—yo reí avergonzada—, esa pregunta quizá te la responda Kate algún día. Los periodistas tienen que tener paciencia, ¿no?

Volví a sentir ese calor de la vergüenza y él puso una mano en mi hombro, dándome un pequeño abrazo. Yo se lo acepté sin problema, apenas le conocía, pero le sentía cercano.

—¿Y cómo conociste a Jake?

—Pues emm—se quedó pensativo—, ¿sería demasiado raro si te digo que nos chocamos sin querer?—empecé a reírme y negué ante su pregunta—Bueno pues iba con Kate para entrar a la fiesta, cuando un rubito se giró sin vernos y dio conmigo. Nos pidió perdón y nos dijo que quería entrar, pero no sabía cómo. Así que, no me preguntes por qué, pero le dije que viniese con nosotros. Le colamos y hasta que os encontró, se unió a vosotras y luego vino donde mí de nuevo, cuando Kate se había ido donde ti.

—Así que cuando Jake desapareció en verdad estaba contigo—el asintió—. No sé si te servirá, hasta lo que yo sé él es heterosexual, pero sé que muchas veces lo ha dudado. No soy ciega como para no ver que te acercas a él—le sonreí—.

Se rió nervioso y me miró algo rojo, me parecía adorable.

—Gracias As, lo tendré en cuenta—acarició mi hombro antes de seguir hablando—. No sé qué tenéis entre manos tú y la morena, pero para tu información no hace más que decirme que eres una gruñona.

—¿Gruñona yo? Ella es la que provoca—reí—, pero a veces se vuelve fría.

—Lo es, ha tenido que pasar por cosas y las sigue pasando—dijo con algo de tristeza—, pero ya sabes lo que dicen... Aquellas personas frías con el resto, por dentro tienen el corazón más noble.

Yo asentí y le sonreí. Nos despedimos y fuimos a nuestras facultades.

Las horas de clase pasaron. Este curso no eran tantas asignaturas como el primer curso, así que creo que podía respirar algo más tranquila. Me alegré por ello y eso me animó a ir haciendo apuntes de las clases. Por desgracia, en la facultad de periodismo cada uno se aísla bastante, al menos la gran mayoría. Sin embargo, hay una chica con la que suelo hablar en clases y nos ayudamos con apuntes, se llama Hannah. Es morena con el pelo un poco rizado, por lo que sé tiene la beca de deportista por practicar baloncesto.

Salí con ella de clases y fuimos caminando hasta el centro del campus, donde me esperaba el grupo. Vi como Nora decía algo cabeceando hacia a mí, supongo que estaría avisando que estaba llegando. Todos tenían la mirada en mí, Hannah me estaba hablando, pero apenas le hacía caso porque andaba absorta, una vez más, en los ojos de Kate.

—Nos vemos Astrid—me dio un abrazo.

Me pilló por sorpresa, pero se lo devolví y me despedí de ella, cuando vi que Kate nos miraba con el ceño fruncido.

¿Celosa?

Sacudí mi cabeza y me acerqué a ellos.

—Qué cariñosa anda Hannah, ¿no?—dijo Jake.

—¿Cariñosa? Solo fue un abrazo de despedida Jake, ¿de qué la conoces?

—Conozco a todo el mundo cielo—me sonrió. Nos reímos por su comentario.

Hablamos de qué tal nos fue el día, sacamos lo que cogimos para comer y nos pusimos a devorarlo todo. Cualquiera que nos viese pensaría que no habíamos comido desde hacía una semana. Nos pusimos en círculo, a mi lado tenía a Nora y a Kate.

Entonces, llegó una morena con pequitas hacia nosotras. Mi ex, Maeve.

No por favor.

—¿Qué tal Astrid?—se acercó a mí para darme un beso en la mejilla, ante la atenta mirada de Kate. Yo no me inmuté, pero tampoco se lo devolví.

—Hola Maeve—la saludé. Le presenté a Thomas y Kate, pude notar que la cara de ésta última tenía unas ligeras ganas de asfixiarla.

—¿Qué quieres Maeve?—habló Nora con un tono borde. Yo la miré con los ojos abiertos, queriendo que se tranquilizase.

—¿No puedo venir a saludarla? No tuve ocasión de despedirme la otra noche—sonrió con amargura—. Todos volvieron a mirarme, excepto Kate que vi cómo apretaba su mandíbula.

—No tenía nada más que decirte—le dije.

—Ya le has saludado, ahora puedes despedirte e irte por donde has venido—dijo Nora.

—Tan borde como siempre Nora, nunca cambias—Nora fue a reprocharle su comentario, pero fue interrumpida.

—Puedes ir yéndote, Maeve—dijo Kate, parecía cabreada.

—¿Y tú quién eres?

—Kate, diría que es un placer, pero no quiero mentir—su tono de voz era serio y frío, pero sentía que también estaba enfadada, aunque lo disimulaba muy bien. Nora empezó a reírse como nunca.

—Kate...—intentó calmarle Thomas, pero recibió una mirada por su parte que le hizo callar.

Maeve intercaló miradas entre mí y Kate, bufó y se despidió, sin antes dirigirse a Jake.

—Nos vemos Jake.

—Adiós Maeve—.

—¿Por qué se ha despedido de ti?—pregunta Nora.

—Buena pregunta—contesta Jake.

Todos nos quedamos un momentito en silencio, hasta que Nora puso su mano en mi pierna.

—¿Estás bien?

—Perfectamente, no te preocupes—la sonreí—, sabes que está superado de sobra.

Y es cierto, aunque aquella noche volviese a acostarme con ella, aquello no era más que sexo casual que había ocurrido un par de veces. Sin embargo, Maeve siempre venía a molestar porque piensa que aún sigo sintiendo algo por ella.

—¿Tu ex?—dijo Thomas.

Yo afirmé con la cabeza, y les conté un poco por encima la historia.

Conocí a Maeve en la Universidad, hubo una fiesta y ahí nos conocimos. Aquella noche fue la primera vez que nos besamos, fuimos poco a poco. Era cariñosa, siempre estaba para mí. Las cosas siguieron en su curso y yo, como una completa idiota, me enamoré de ella. Ella fingía estarlo, pero en ese momento no lo sabía. Cuando lo hicimos oficial, su cariño y atención siguieron por un mes, pero luego casi ni venía a verme; si iba yo, ponía cualquier excusa. Todo se volvió tóxico, aunque apenas me prestase atención, en cuanto alguien más aparecía entonces ella marcaba territorio. Volvía su atención a mí por una semana, y volvía a su próxima desaparición.

Así fue con dos personas más. Le di un ultimátum, ella lo captó y los próximos dos meses estuvimos como al principio, todo volvía a la normalidad. Hasta que me enteré que me llevaba poniendo los cuernos por unos cuatro meses. Nuestra relación duró la mitad del curso, de octubre hasta marzo.

¿Qué por qué sigo teniendo a veces relaciones sexuales con ella? Porque la superé y nos conocemos tan bien sexualmente hablando que volvimos a acostarnos muy de vez en cuando. Obviamente no lo hice hasta que supe que ya no estaba enamorada de ella.

Sin embargo, ahora me doy cuenta de que hoy en día estoy siendo un poco tóxica también; fue todo lo que me hizo, que acabé por tenerla rabia, sin llegar al odio, pero estaba tan enfadada con ella que muchos sabemos que a veces en el sexo, del mismo enfado con alguien, todo se vuelve más... Fogoso.

Esto último no se lo dije al grupo, aunque Nora lo sabía. Todos maldijeron su nombre, excepto Kate que se mantenía callada, parecía estar dándole vueltas. Suspiramos y nos quedamos en silencio.

—Tengo que irme—habló Kate de repente. Se despidieron de ella, pero a mí no me dio tiempo porque me quedé sin poder hablar mientras la veía alejarse entre caminos del campus.

Thomas se la quedó mirando extrañado y luego me miró, se encogió de hombros y suspiré. No entendía qué pasaba.

Estuvimos poco más hablando de cosas hasta que yo también decidí irme, pero a dar un paseo por el campus. Me encaminé hacia un parque que había no muy lejos de allí y saqué el libro de Romeo y Julieta para leerlo un poco. Necesitaba despejarme.

Pasó una hora o así, hasta que decidí que lo mejor sería ir a casa. Me encaminé hacia el parking y me metí en el coche. Puse la llave en el contacto del coche y lo intenté encender, pero no arrancaba por algún fallo del motor.

Mierda.

Salí del coche resoplando, abrí el capó y coloqué una varilla. El motor empezó a echar un poco de humo y sacudí con la mano. No entiendo de coches, pero parecía que había algo que arreglar y lo suyo sería llamar a una grúa. En el parking apenas quedaba algún coche ya, tendría que esperar a un bus o ir andando.

—¿Qué ha pasado?

Reconocí esa voz al instante, me giré y lo confirmé. Era Kate.

—Fui a arrancar y así está ahora esto.

Kate se remangó su camiseta y observó dentro del capó, gruñó un poco al darse cuenta de algo y fue a tocar no sé qué tubito cuando echó la mano hacia atrás quejándose. Se había quemado un poco.

—¿Estás bien?—le cogí la mano para ver su dedo.

La tenía un poco roja por el contacto, pero gracias a la inercia que hace el cuerpo al quemarse, no era más que una mínima quemadura.

—Sí, no te preocupes—miró su mano y luego a mí sonriendo—, el que no está bien es tu coche. Hay que llevarlo a un mecánico.

Antes se fue enfadada y ahora vino como si nada, esta chica es bipolar.

Asentí y saqué mi móvil para llamar a un mecánico. Me respondió un señor diciendo que llegaría en menos de diez minutos y lo llevaría al mecánico.

—Igual deberías echarte un poco de agua—miré su mano.

—No hace fal—no la dejé terminar porque la cogí de la otra mano para llevarla conmigo.

Sentí la calidez de su mano y fuimos hacia una fuente que quedaba a un lado del parking, apretó un poco más su mano e hice lo mismo.

Una vez en la fuente, dio al botón para que cayese el agua y puso su dedo debajo. No dijo nada, pero en su cara pude notar que le aliviaba, a lo que yo sonreí.

—¿Contenta?—me miró. Yo asentí.

—¿Por qué te fuiste antes?

—Tenía que hacer algo.

Me acerqué a ella y quedé frente a frente, mirándonos fijamente. Sabía que estaba mintiendo.

—¿Segura?

Miró a mis labios y asintió. Cada vez que hacía eso me daban ganas de besarla, pero no me voy a engañar a mí misma, me daba vergüenza.

Apartamos la mirada por el ruido de una grúa que estaba entrando por el parking, nos acercamos al señor y le conté lo que ocurrió. Me dijo que tendrían que arreglar la mayoría del motor, que seguramente no lo tendrían listo hasta el lunes que viene. Yo resoplé y no me quedó otra que aceptar que no volvería a ver mi coche hasta ese día.

Cuando se fue la grúa comenzó a llover un poco y justo vimos pasar el autobús que me llevaría a casa.

—Joder, llueve y ahora a esperar una hora para el bus.

—No, yo te llevo.

Dudé un poco hasta que empezó a llover un poco más. Era de las típicas tormentas post-verano que anunciaba que dentro de poco llegaría el otoño. Entonces, acepté y fuimos a su coche casi corriendo.

Entramos dentro del coche, según entré pude notar el olor a vainilla que había en el ambiente. Ahora sabía por qué Kate olía así.

Espera, ¿por qué lo sabía?

Me puse roja y Kate lo notó, me miró extrañada y ladeó la cabeza.

—No serás alérgica a la vainilla, ¿no?

—¿Qué? No no, me encanta la vainilla.

No podía haber dicho eso, joder Astrid.

Ella sonrió ampliamente y su pupila se dilató muchísimo mientras me miraba. Aparté la mirada, ahora no era mi mejor momento para aguantar la suya.

Arrancó su coche y fuimos hacia mi casa, le fui indicando por dónde ir.

—Pon lo que quieras—señaló la radio.

La encendí y empezó a sonar la canción de Put Your Records On. La dejé y comencé a cantarla en bajito, mientras que Kate hacía lo mismo. A veces mirábamos de reojo y sonreíamos. No hablábamos, solo disfrutábamos de la música que iba sonando hasta que llegamos a nuestro destino.

Cuando el coche paró, se giró hacia atrás y cogió un paraguas que tenía. Salió del coche con él y lo abrió, dio la vuelta al coche y abrió mi puerta, esperando a que saliese.

—Vamos princesa—bromeó.

Yo reí y me abstuve de pegarle un pequeño golpe solo porque estaba evitando que me mojase. Llegamos a mi puerta y nos quedamos en el porche.

—Y esta es mi humilde casa—sonreí.

—Es bonita, ojalá vivir en una así.

—Teniendo ese coche dudo que vivas en algo menos que esto.

—Por eso mismo, mi casa es demasiado grande—se encogió de hombros.

Nos quedamos apoyadas en la puerta mientras mirábamos cómo llovía. Era gratificante. Ya se podía oler el petricor y ambas disfrutamos de escuchar cómo la lluvia caía frente a nosotras. Al de varios minutos, miró su móvil para observar la hora y lo guardó.

—¿Quieres pasar?—la dije. Ella me miró y sonrió apenada.

—Me encantaría, rubia, pero esta tarde tengo que hacer algo y no debería tardar,—sus ojos ésta vez me decían que no mentía, así que asentí—otra vez será.

Me acerqué a ella y me puse un poquito de puntillas para poder dejar un beso en su mejilla. Su cara se puso algo roja y abrió los ojos como platos por un segundo, yo reí nerviosa.

—Gracias por traerme.

—Un placer—me sonrió—¿ahora cómo irás a las clases?

—Tendré que coger el autobús de las siete y media. Otra vez.

Ella asintió poco convencida y abrió el paraguas de nuevo.

—Nos vemos mañana Astrid.

—Hasta mañana, Kate.

La vi marcharse y hasta que no arrancó el coche no entré a casa. Mi madre había llegado. Parece que hoy no ha tenido mucho trabajo. La saludé y me sonrió.

—¿Y tu coche?

Le conté lo ocurrido y ella suspiró.

—Una pena, al menos cuando lo arreglen lo tendrás en perfecto estado. ¿Te trajo Nora?

Su pregunta era por curiosidad, no por control, pero me puse roja al pensar en su pregunta.

—Eh... No, me trajo una amiga, Kate.

Mi madre debió nota el color de mi cara y sonrió con picardía.

—Ay mamá, no me mires así.

—No te miro de ninguna forma Astrid, tú sola te has puesto así.

Bufé y subí a mi habitación, no sin antes saludar a Salem, mientras escuchaba a mi madre reírse por mi huida. Me tumbé y empecé a ordenar algunos apuntes, para luego seguir leyendo el libro.

Me quedé frente a la ventana, leyendo mientras la lluvia caía. Lo único que permitía que no mojase el libro era una capa de cristal que me cubría. Como en el sueño, las calles quedaron en soledad por la lluvia, por la tormenta. Mientras leía el libro con el que también soñé, de mi mente no se iban esos ojos ámbar que aún sentía que sobrepasaban.

Milton Keynes UK
Ingram Content Group UK Ltd.
UKHW020927201123
432908UK00021B/3148